기 적 의 숫 자 퍼 즐

네모네모
로직®

9   PLUS

C O N T E N T S

제우미디어

풀이법

설명의 순서대로 한 번만 따라 칠해보면 로직해법을 마스터할 수 있습니다!

기본 규칙

- 숫자는 '연속해서 칠할 수 있는 칸의 수'를 의미한다.
- 한 줄에 여러 개의 숫자가 있을 때는, 숫자와 숫자 사이에 반드시 한 칸 이상을 띄고 칠해야 한다.
- 칠할 수 없는 칸은 ✕로 표시한다.
- 완성된 숫자는 ◯로 표시한다.

1

문제의 크기는 5x5이다.

❶은 세로 다섯 칸 중 세 칸을 연속해서 칠해야 한다는 뜻이다.

❷는 두 칸을 칠한 후, **한 칸 이상을 띄고** 다시 두 칸을 칠해야 한다는 뜻이다.

2

5는 다섯 칸을 연속해서 칠해야 한다. 다섯 칸을 모두 칠하고, 완성된 5에 ◯로 표시한다.

3

위쪽의 3은, 세 칸이 연속해서 칠해져야 하니 맨 밑줄은 칠할 수 없게 된다. ✕로 표시한다.

잠깐!

이 경우, 세 칸을 연속해서 칠할 수 있는 경우는 A, B 두 경우이다. 그러므로 칠할 수 없는 마지막 칸은 ✕로 표시한다.

4

위쪽의 4는, 네 칸이 연속해서 칠해져야 한다. **경우의 수를 따져보면** 네 번째 줄을 칠할 수 있다.

잠깐!

이 경우, 네 칸을 연속해서 칠할 수 있는 경우는 A, B 두 경우이다. 여기서 네 번째 칸은 무조건 칠해진다.

5

왼쪽의 3이 **완성**되었으니 숫자에 ○로 표시하고, 네 번째 줄의 양 옆을 ×로 표시한다.

6

위쪽의 3을 다시 보면 네 번째, 다섯 번째 칸이 ×로 표시되어 있다. 그럼 첫 번째 칸을 칠해야 3이 완성된다. 완성된 3은 ○로 표시한다.

7

왼쪽의 2는 두 칸이 **연속해서 칠해져야 하니**, 두 번째 칸과 네 번째 칸을 칠할 수 있다. 세 번째 칸은 ×로 표시하고, 완성된 2는 ○로 표시한다.

8

이렇게 되면 위쪽의 두 번째, 네 번째가 완성된다. 완성된 4를 ○로 표시하고 맨 밑줄은 ×로 표시한다.

9

이제 남은 것은 위쪽의 4와 왼쪽의 1이다. **맨 밑줄의 남은 한 칸을 칠하면**, 위쪽의 4이자 왼쪽의 1이 완성된다.

잠깐!

네모 로직의 문제 크기가 큰 경우, **큰 숫자부터 공략하는 것**이 쉽다. 예를 들어 문제가 10x100이고 한 줄인 열 칸 중에서 아홉 칸을 연속해서 칠해야 할 때,
전체 칸 수(10) - 해당 칸 수(9) = **빈 칸 수(1)**
이 공식을 이용하면 경우의 수를 쉽게 풀 수 있다. 여기서는 1이 나왔으니 **위아래 한 칸씩**을 비우고 가운데 여덟 칸을 칠한다.

중요한 로직 풀이 TIP!

문제의 크기가 큰 로직 중에는 위의 설명만으로 해결되지 않는 것이 있다. 그럴 때 이것만 기억해 두면 손쉽게 풀 수 있다.

위에서부터 칠했을 때와 아래에서부터 칠했을 때 겹쳐지는 칸이 어디인지를 찾는다. 이때 숫자의 순서는 반드시 지켜야 하며 점을 찍어가며 생각하면 편하다.

❶ 한 칸에 점을 찍고, 한 칸 띄고 6칸에 점을 찍는다.
❷ 뒤에서부터 6칸에 점을 찍고, 한 칸 띄고 한 칸에 점을 찍는다.
❸ 겹치는 부분을 찾아 칠한다.

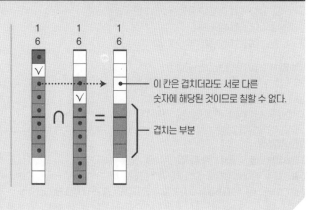

이 칸은 겹치더라도 서로 다른 숫자에 해당된 것이므로 칠할 수 없다.

겹치는 부분

네모네모 로직® 플러스9

초판 1쇄 펴냄 2024년 6월 20일

편　　저 ǀ 제우미디어
발 행 인 ǀ 서인석
발 행 처 ǀ 제우미디어
등 록 일 ǀ 1992. 8. 17
등록번호 ǀ 제 3-429호
주　　소 ǀ 서울시 마포구 독막로 76-1 한주빌딩 5층
전　　화 ǀ 02) 3142-6845
팩　　스 ǀ 02) 3142-0075

I S B N ǀ 979-11-6718-432-0
　　　　　 978-89-5952-895-0 (세트)

만든 사람들

출판사업부 총괄 김금남 ǀ **책임편집** 민유경
기획 신은주, 장재경, 안성재, 최홍우 ǀ **제작** 김용훈
문제 디자인 나영 ǀ **표지·내지 디자인** 디자인그룹올 ǀ **표지·내지 조판** 디자인수

※ 값은 뒤표지에 있습니다.
※ 파본은 구입하신 서점에서 교환해 드립니다.

A1

작고 귀여운 가방이에요

난이도
★☆☆☆☆

15×15

세로 힌트 (열)

1	2	3	4	5	6	7	8	9	10	11	12	13	14	15
						2								
					4	1	2							
	3	1	1	3	1	1	1	4	3	1				
	1	1	1	3	1	3	1	1	1	1				
10	1	1	1	1	1	1	1	1	1	1	8	12	10	6

가로 힌트 (행)

		4
		6
	2	2
		12
	1	2
	2	2
	1	2
	1	4
1	4	4
	5	8
1	4	4
	1	4
	1	4
	1	3
		13

A2

리본처럼 생긴 파스타 면이에요

난이도
★☆☆☆☆

15×15

세로 힌트 (열)

1	2	3	4	5	6	7	8	9	10	11	12	13	14	15
	3		2	1	3			2	1	2			1	
	2	2	2	4	2	5	4	3	2	1	1	1	2	
8	2	2	3	3	3	5	3	2	2	3	2	4	5	10

가로 힌트 (행)

			3
		2	1
	2	2	5
1	1	3	1
2	1	3	1
1	4	2	2
	1	7	2
2	2	2	1
2	2	1	2
	1	3	2
	1	4	3
	5	2	3
	3	2	4
			6
			3

A3 + A4

딸기 맛, 초콜릿 맛 다양해요

난이도

★☆☆☆☆

15×15 (윗 그림)

열 힌트 (15열):

1	2	3	4	5	6	7	8	9	10	11	12	13	14	15
		3	1	3	1	2	1			1				
	4	1	2	2	3	3	4	6	3	6	3			
4	2	1	2	1	1	1	2	2		3	2	3	5	
6	2	1	1	2	2	1	1	1	2	1	1	1	2	7

행 힌트 (15행):

행	힌트
1	4
2	3 1
3	1 2
4	3 4
5	1 6
6	8 2
7	1 5 3
8	2 4
9	4 4 2
10	2 7 3
11	3 4
12	1 4 4 1
13	1 6 1
14	2 2
15	4 4

+

15×15 (아래 그림)

행 힌트 (15행):

행	힌트
1	5 5
2	1 7 2
3	2 3
4	4 4
5	10 2
6	1 2 2 2
7	2 4 1 2
8	2 2 2 2
9	2 2 3
10	3 2
11	2 3
12	1 4
13	5
14	4
15	2

열 힌트 (15열):

1	2	3	4	5	6	7	8	9	10	11	12	13	14	15
4	1	1	1	2	1	1	1	1	1	2	1	1	5	3
	3	4	2	1	3	2	1	4	2	2	1	5		
			3	5	4	2	2	5	6	5	4			
					2	4								

A5

쥐처럼 생겼어요

난이도
★☆☆☆☆

15×15

세로 힌트 (열, 왼쪽→오른쪽, 위→아래):

1	2	3	4	5	6	7	8	9	10	11	12	13	14	15
7	3	3	4	1	2	1	1	1	1	1	1	2	1	3
	5	3	2	3	1	2	2	3	3	3	2	1	1	2
		3	1	1	2	1	2	2	3	2	3	3	3	7
			1	1	1	2	2							

가로 힌트 (행):

행	힌트
1	1
2	7 2
3	3 3
4	2 2
5	3 1
6	4 4
7	2 3 2 1
8	1 3 2 2 1
9	1 2 4 2
10	3 2 3
11	2 2 3
12	2 3 4
13	6 4
14	2 4
15	6

A6

통통통 튕겨요

난이도
★☆☆☆☆

15×15

세로 힌트 (열, 위→아래):

1	2	3	4	5	6	7	8	9	10	11	12	13	14	15
		2			5	1	3	1	3			2		
1	1	1	3	1	1	2	1			2	1	2	3	
4	2	7	2	2	3	2	1			2	1	2	2	
6	4	2	2	1	3	1	1	1	1	2	2	2	2	7

(맨 위 행에 "1" 힌트 하나가 있습니다.)

가로 힌트 (행):

행	힌트
1	7
2	3 1 5
3	2 5 2
4	1 2 1
5	9 2
6	2 1 3 1
7	1 1 3 1
8	1 4 3
9	4 2 2
10	2 1 1 1
11	1 2 2 2
12	2 1 2 2
13	2 1 5
14	3 2
15	5

A7

라틴어로 독이라는 뜻이에요

난이도

★☆☆☆☆

20×20

Row clues (top to bottom):
- 2
- 4
- 4
- 3 2 3
- 3 2 4
- 4 2 4
- 10
- 8 2
- 2 10 4
- 6 4 6
- 7 2 6
- 2 10
- 3 4 2
- 3 9
- 2 9 4
- 5 5 2 2
- 4 2 4
- 2 4 4
- 4 2
- 2

Column clues (left to right):
- 2
- 4 2
- 4 2
- 3 2 4
- 3 2 4
- 4 2
- 5 2
- 4 5
- 5 2
- 3 4 1 7
- 2 4 12 6
- 12 2 3
- 4 1 3
- 3 4 2
- 4 5 9
- 4 6 4
- 3 2 2
- 2 3 2
- 3 4
- 4 4
- 4 2
- 2 2

A8

호~ 호~ 불어먹어요

난이도

★☆☆☆☆

20×20

Row clues (top to bottom):
- 8
- 3 5
- 2 4
- 2 4
- 1 4
- 2 4
- 1 4 5
- 5 2 9
- 2 1 2 3 4
- 2 2 5 2 1 1
- 1 1 5 4 1 2
- 1 1 5 4 1 1
- 1 1 4 5 1 1
- 1 1 4 5 1 1
- 1 1 4 4 2 1
- 2 1 3 4 1 1
- 2 1 3 3 2 1
- 4 2 2 2
- 10 2
- 7

Column clues (left to right):
- 7
- 3 2
- 4 2
- 3 7 2
- 1 3 3
- 2 2 5 2
- 1 1 9 1
- 2 1 9 1
- 1 1 2 10
- 1 5 2
- 1 2 5 1
- 1 2 7 2
- 1 1 8 2
- 7 1 1
- 2 4 2 1
- 2 1 3 3
- 2 3
- 14 1
- 8 2
- 9 2
- 5 8

A9 + A10

기본이 튼튼해야 잘 자라요

난이도
★☆☆☆☆

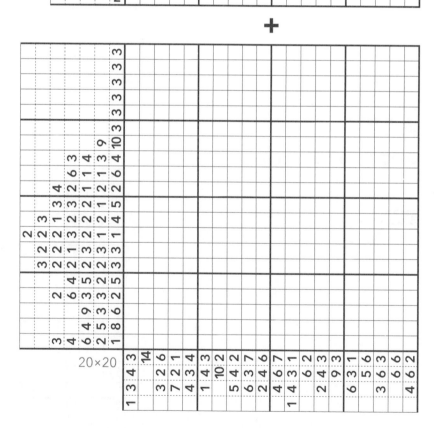

A11

둘은 뗄 수 없는 사이예요

난이도
★☆☆☆☆

20×20

열 힌트 (column clues)

1	2	3	4	5	6	7	8	9	10	11	12	13	14	15	16	17	18	19	20
				1	1	1	1												
			1	1	3	3	3	1		1	1								
		2	2	2	2	2	2	3	3	3	1								
		2	1	1	1	1	1	1	4	4	3	1							
	2		1	2	1	1	1	2	2	1	2	4				2			
	2	1	1	2	1	1	1	1	1	1	1	1	2	1		2	4		
4	2	10	4	1	2	2	1	1	1	2	2	4	11	10	4	3		4	
4	2	2	1	2	1	1	1	1	1	1	1	2	1	2	2	4	3	7	13

행 힌트 (row clues)

					11
				3	3
	2	5	2		1
	1	7	1		1
	1	5	1		2
		2	2		2
		4	4		3
			13		3
	1	10	2		1
	3	6	1		1
	1	6	4		1
		3	5		1
	2	8	3		1
	4	2	5		2
1	5	5	1		2
1	2	3	3	1	1
	2	4	4	2	1
		2	7	2	1
			3	3	1
				9	1

A12

관리를 잘해야 다치지 않아요

난이도
★☆☆☆☆

20×20

열 힌트 (column clues)

1	2	3	4	5	6	7	8	9	10	11	12	13	14	15	16	17	18	19	20
	1											1							
	4																		
5	5	3	6						2				1					4	5
3	7	5	4	4	4	6	9	5	5	5	5	3	6	4	6	3	3	11	5

행 힌트 (row clues)

3	6	2	
2	5	2	
2	4	2	
3	5	2	
3	6	3	
1	1	2	1
2	1	1	1
1	1	1	2
1	1	2	1
1	1	1	1
1	1	1	1
2	1	1	1
1	2	1	1
2	1	1	1
1	1	1	1
2	2	1	1
7	3	2	
7	7		
6	6		
4	4		

A13

잘 살피고 돌아야 해요

난이도

★☆☆☆☆

20×20 nonogram

Column clues (top):

7	11	14	9 6	10 4	6 4	5 3	4 5	3 4 7	3 5 8	3 14	3 14	4 13	4 4	4 4	6 3	15	13	10	6

Row clues (left):

Row	Clue
1	8
2	12
3	14
4	6 6
5	5 4
6	5 4
7	5 3 4
8	5 5 4
9	5 5 4
10	5 5 4
11	5 5 4
12	3 3 4
13	4 4 4
14	4 5 3
15	4 5 3
16	5 11
17	15
18	13
19	10
20	6

A14

타닥타닥 소리가 좋아요

난이도

★☆☆☆☆

20×20 nonogram

Column clues (top):

2 5	2 2	2 1	1 1	1 1	1 5 3	5 2 4	3 1 2	2 1 2	2 6 12	1 14	2 1	2 1	3 1	4 2	8	6	6	5	4

Row clues (left):

Row	Clue
1	1
2	1
3	8
4	7 5
5	2 2 1 5
6	2 1 2 5
7	2 2 1 5
8	1 1 1 5
9	1 1 2 5
10	20
11	2 2 2 2 1
12	2
13	2
14	2
15	2
16	2
17	2 2
18	2 2
19	6
20	4

A15

엉덩이에 매서운 침이 있어요

난이도

★☆☆☆☆

20×20

Column clues (left to right, top to bottom):

1	2	3	4	5	6	7	8	9	10	11	12	13	14	15	16	17	18	19	20
4 3 3	4 4 4	4 2 2	4 1 1	4 1 4	4 2 2	4 3 1	5 3 2 3	5 2 2 3	1 2 6 4	1 13	2 6 3	7 2 2 2	4 5 4	2 2 2 3 1	1 1 5 1	2 4 2	1 2 2 2	7 2 6	10 4

Row clues (top to bottom):

Row	Clues
1	16 3
2	9 4 2
3	9 2 2
4	9 2 2
5	3 1 2
6	5 2 1 3
7	3 4 3 4
8	2 1 6 3 1
9	2 1 2 3 2 1
10	3 6 2
11	2 2 12
12	2 3 3 5
13	2 3 2 2 1
14	2 2 3 3 1
15	2 2 3 1
16	1 6 2
17	2 2 4
18	2 4 2
19	1 1
20	1

A16

시원한 물이 콸콸 나와요

난이도

★☆☆☆☆

20×20

Column clues (left to right, top to bottom):

1	2	3	4	5	6	7	8	9	10	11	12	13	14	15	16	17	18	19	20
6 2	2 5	1 1	2 3	2 1 6	1 2 2 4 2	1 2 1 1	1 2 1 1	2 4 2	3 1 2	1 1 1 2	3 1 2	3 1 2	1 5 3	1 2 1 2	1 2 3 2	7 12	7 4 7	8 8	20

Row clues (top to bottom):

Row	Clues
1	4 4
2	5 9
3	1 5 4
4	4 7
5	15
6	1 1 4
7	1 1 5
8	4 3 2
9	3 3 1
10	3 2 1
11	2 2 1
12	1 2 1
13	1 4 4 2
14	1 2 12
15	1 2 5 4
16	6 4
17	1 2 4
18	1 2 4
19	2 2 4
20	2 1 4

A17 + A18

급할 때 충전해요

난이도

★☆☆☆☆

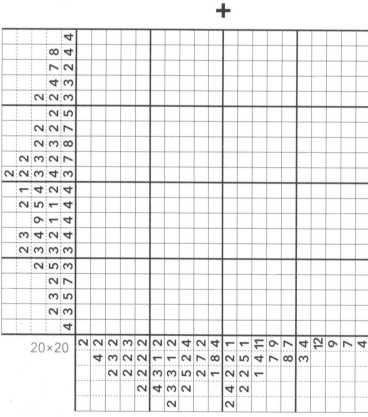

20×20

20×20

A19

손님을 위해 칵테일을 만들어요

난이도

★★☆☆☆

20×20

Column clues (top):
2 / 2 3
3 2 2 1 3
2 1 2 1 1 4 7
1 1 4 2 1 3 6 8 2 1 1 2 1 2
2 1 1 1 5 2 2 4 2 2 1 4 3 1 1 2 3 4 6
5 7 3 3 1 2 1 1 1 2 1 3 3 3 2 1 1 1 2 13 8

Row clues (left):
				4	7
				2	5	9
			1	5	2	5
		1	1	3	1	4
		1	3	3	2	3
2	2	1	2	1	1	1
	5	2	1	1	1	1
		1	3	1	2	2
		1	1	2	2	2
		1	2	1	2	4
			1	3	4	1
			2	4	2	3
				1	11
				2	3
				1	2
				3	2
				4	2
				5	2
				4	3
					10

A20

가을이 되면 빨갛게 물들어요

난이도

★★☆☆☆

20×20

Column clues (top):
2 5 5 / 5 5 4 1
1 3 3 3 9 / 3 3 3 1 1
1 2 1 3 4 5 14 12 10 14 17 19 14 10 11 2 2 3 4 3

Row clues (left):
	3	1
	4	2
4	4	3
5	4	4
		15
		14
		12
		14
		15
		17
		14
		13
		11
		12
5	4	2
4	4	2
2	2	2
	2	3
	1	2
		2

난이도 ★☆☆☆☆

25×25

25×25

Column clues (left→right, top→bottom):

Col	Clues
1	4, 3
2	3, 3, 4
3	3, 11
4	14, 1
5	1, 5, 6
6	5, 4, 2, 1
7	5, 13
8	4, 4, 1, 2, 14
9	3, 2, 2, 2, 5, 3
10	1, 1, 1, 5, 1, 2
11	2, 2, 1, 3, 4
12	1, 3, 2, 1
13	4, 4, 2, 3, 4
14	2, 4, 2, 5
15	3, 2, 1
16	1, 1, 3, 4
17	6, 5, 5
18	5, 3, 4
19	5, 1, 19
20	13, 7
21	1, 2, 6
22	3, 2, 3
23	3, 2
24	6
25	4

Row clues (top→bottom):

Row	Clues
1	4 4
2	4 4 4
3	2 10 1
4	8 7
5	5 3 1
6	1 3 4 5
7	5 3 3 5
8	5 3 3 3 1
9	1 2 2 1 2 4
10	4 3 2 1 3
11	3 4 2 1 4
12	4 7 2 2 1
13	1 2 5 3 4
14	5 10 4
15	4 9 3
16	2 4 4 5
17	7 4 2
18	1 13
19	5 4 5
20	5 3 8
21	5 8
22	3 3
23	4 2
24	7
25	5

+

Nonogram 25×25

Column clues (top), read top to bottom:

```
                5                         4  5  6
                1     3        3          1  2  1              1  1
      4  7      1     1  4  1  5  6    6  1  1  1  6  7        8  2        4
      1  5  9   1     1  2  2  3  3    1  1  3  1  1     1  7  9 13  2  9  4  1
      2  1  5   1     5  3  1  1  1    5  4  2  2  2     1  1  3  1  2 10  5  7
      1  2  1   1     2  1  5  1  1    1  1  2  1  7     1  3  1  1  1  2  2  4  4  4
 10   2  1  1   1     2  8  5  3  3    2  2  3  3  4     8  6  5  2  1  1  1  1  2  7
```

Row clues (right side):

Row	Clues
1	12 4
2	22
3	17 4
4	5 11 5
5	4 3 9 1
6	4 3 7 1
7	3 9
8	3 2 3 5
9	5 4 6
10	1 1 5
11	1 4 4 5
12	1 1 2 5
13	1 2 2 1 3
14	5 1 1 6
15	1 2 6 4 3
16	1 1 1 5 2 1 1 2
17	2 1 1 6 1 1 1 1 2
18	8 3 7 3
19	1 6 2 4
20	3 2 5 2 2
21	1 11 6 1
22	1 2 4 1
23	1 4 6 1
24	2 14 2
25	23

25×25 네모로직 퍼즐

가로 열쇠 (행 힌트, 위에서 아래로):

- 9
- 10
- 6 4
- 2 3
- 1 2 1 3
- 1 1 2
- 1 4 1
- 2 2 2
- 2 2
- 5
- 4 4
- 2 3 4 3
- 3 5 2 5
- 4 4 2 2 4 2 1
- 1 1 3 3 2 2 1
- 2 2 3 2 3 1
- 6 11 1
- 3 13 1
- 3 5 1 1
- 3 1 1 1
- 2 1 1 1
- 2 1 3
- 5 2
- 5 2
- 11

세로 열쇠 (열 힌트):

각 열(왼쪽에서 오른쪽으로)의 힌트:

1. 3 3
2. 2 1 2
3. 1 1 1
4. 3 1 1
5. 2 2
6. 5
7. 1 2
8. 1 1
9. 2 2
10. 1 1
11. 2 2
12. 2 1
13. 2 2
14. 3 15
15. 8 15
16. 3 6 3
17. 3 1 4 1 3 3
18. 1 1 3 14
19. 7 2 1 1
20. 2 1 3 1 1
21. 3 3 3 1 1
22. 8 3 5 2 1
23. 8 8 2 1
24. 4 15 4
25. 2 10

25×25 Nonogram

Column clues (top, read top-to-bottom per line):

C1	C2	C3	C4	C5	C6	C7	C8	C9	C10	C11	C12	C13	C14	C15	C16	C17	C18	C19	C20	C21	C22	C23	C24	C25
							1		1	1				1										
			3	2	2	1	1	1	1	1	4	1	1		1									
4	3	5	4	5	7	3	1	3	3	2	1	3	4	3	2	2	2	2	3	3	3			
6	5	8	1	4	2	1	2	2	3	3	4	7	2	2	2	3	2	3	3	3	2	2	4	
18	7	6	5	5	3	2	2	2	2	2	2	2	3	2	3	3	3	2	3	2	3	6	16	24

Row clues (left):

Row	Clues
1	25
2	7 9
3	5 5
4	2 1 2
5	1 2 1
6	1 1 1 1
7	1 2 1
8	1 1 2 2
9	6 3 3 2
10	3 3 3 6
11	3 3 3 5
12	3 8 3 2
13	2 2 2 2
14	1 1 2 2 2 2
15	1 1 2 2 2 2
16	1 1 2 2 2 2
17	1 2 2 3 3
18	1 12 3
19	2 7 1 4
20	3 3 6
21	5 10
22	8 7 3
23	18 2
24	6 6 1
25	5

25×25

세로 힌트 (위):

1	2	3	4	5	6	7	8	9	10	11	12	13	14	15	16	17	18	19	20	21	22	23	24	25
		6	3		2											1		2						
	6	1	1	5	2											2		3				3		
	2	2	2	1	1						5	3	5	2	4	8					6	5	3	
2	2	2	1	3	5	2	3	4	3	2	3	6	7	1	3	2	2	2	3	11	2	1	1	2
2	3	4	3	2	2	3	3	3	3	3	3	2	3	2	3	1	10	1	3	3	2	1	3	2
14	13	4	3	3	3	3	3	4	4	5	5	5	4	3	2	1	3	3	1	2	3	2	2	7

가로 힌트 (왼쪽):

		2	2	3	2
		5	5	3	2
		6	1	3	8
		7	2	3	8
	2	2	1	3	4
		2	2	4	6
				2	12
			6	8	2
				3	2
				2	4
				3	4
			1	4	5
			2	3	5
			3	2	3
			4	1	4
			3	2	5
	3	1	2	1	6
2	2	6	1	2	1
	2	1	9	3	2
		2	7	5	3
	2	4	3	1	2
		3	6	3	1
			15	2	4
			16	2	4
				17	4

A27 이 동물은 어떻게 울까요?

난이도 ★☆☆☆☆

25×25

Column	Clues
1	2
2	4
3	5 3 2
4	4 3 3 2
5	4 4 2 2
6	5 4 1 4
7	9 3 4
8	9 2 4 2
9	9 9
10	16 3
11	13 2 1 1
12	8 1 1 1
13	7 2 3
14	6 2 3
15	6 3 6
16	6 3 3
17	7 1 2
18	7 2 2
19	9 2
20	11 3
21	5 6 6
22	3 6 7
23	3 8 2 5
24	2 4 5 4
25	4 4 3

Row	Clues
1	2
2	4 3
3	5 6
4	6 5 1
5	1 5 6 2
6	1 16 1
7	1 15 1
8	17 2
9	17 1
10	20
11	21
12	3 6 5
13	3 3 4 5 6
14	2 1 2 2 4 1 5
15	2 2 2 1 2 4
16	2 3 2
17	3 3 2
18	2 4 4
19	1 3 1 5
20	7 1 6
21	5 3 3
22	1 1 3 4
23	10 5
24	3 3 4
25	4 3

A28 + A29 피리를 불면 나와요

25×25 네모로직 (Nonogram)

세로 힌트 (열, 왼쪽→오른쪽):

열	힌트
1	1 2 11
2	1 2 7
3	5 1 1 2 6
4	3 3 2 1 8
5	2 2 3 3 4
6	2 1 2 2 1 3
7	1 3 1 2 2
8	2 2 6 5 3 2
9	5 7 7 3 2
10	3 4 4 3 1
11	1 1 3 6 1
12	1 2 2 2 1
13	2 1 1 1 1 1
14	1 1 3 3 1
15	1 2 5 5 1
16	3 5 3 1
17	7 2 1
18	3 1 10 1
19	8 2 3 2
20	2 1 1 2
21	3 2 2 2
22	2 3 4 3
23	2 6 4
24	3 4 8
25	1 2 4 6

가로 힌트 (행, 위→아래):

행	힌트
1	7
2	3 2
3	2 2 2
4	2 4 3
5	1 2 2
6	2 5 5
7	1 3 7 3
8	1 4 3 1 1
9	1 3 3 1
10	2 3 1 2 2
11	1 3 3 2
12	5 2 2 3
13	4 2 2 7
14	2 2 1 4 1
15	2 7 1 2 2
16	1 6 2 1 5
17	1 2 1 2 2 2
18	1 2 2 3 3 2
19	2 1 7 5 1
20	4 5 5 2
21	4 8 2
22	5 3
23	6 4
24	8 7
25	25

난이도 ★½☆☆☆

25×25

Column clues (left to right, top to bottom):

Column	Clues
1	5
2	5
3	5
4	5
5	4 7
6	2 2 2 4
7	2 3 3
8	1 5 2 3
9	4 2 2 5 3
10	2 2 1 2 5 4
11	1 5 2 4 2 2
12	2 3 2 4 2 1 1
13	1 2 2 1 3 1 3 1
14	3 6 2 6
15	1 2 3 1 1 2 1
16	2 1 2 1 2 1 1 2
17	2 3 1 4 2 3
18	3 1 2 2 9
19	3 3 2 2 2 2
20	4 4 3 1 2
21	3 3 1 1 2
22	5 2 2 3
23	3 4 4
24	6 7
25	6

Row clues (top to bottom):

Row	Clues
1	9
2	3 1 6
3	2 3 5
4	1 2 3 3
5	1 2 3 1
6	5 2 2 1
7	2 1 1 4
8	1 1 2
9	4 2 4
10	3 4 2 2
11	2 1 5 1 2
12	2 3 2 1 2
13	1 2 6 3 1
14	1 1 2 4 1
15	2 1 3 2 1
16	9 1 2
17	5 5 2
18	2 4 6
19	2 3 2 3 2
20	1 2 6 2
21	5 5 1 2
22	6 2 1 1 3
23	10 1 2 4
24	11 1 10
25	25

A30 물속의 별이라고 불려요

25×25

열 힌트 (Column clues)

1	2	3	4	5	6	7	8	9	10	11	12	13	14	15	16	17	18	19	20	21	22	23	24	25
					2	1		1		1					2	2								
					1	2	4	8	2	3			1		3	2	2			3	2			
	2	2		1	1	3	5	4	4	6		4	1	3	5	5	7	8	4	3	6	4	2	2
	2	1	4	4	2	3	3	1	2	1	14	4	17	4	2	5	4	2	9	10	6	3	3	1
6	2	2	4	6	6	2	1	2	1	1	1	1	2	5	4	3	2	2	4	2	2	1	1	1

행 힌트 (Row clues)

행	힌트
1	14
2	4 10
3	3 2 2 3
4	3 3 2 2
5	2 2 2 3 2 2
6	2 2 2 2 2 3
7	5 1 1 1 1 3
8	2 2 1 1 1 1 2 4
9	1 2 1 1 1 1 8
10	2 2 2 1 1 6
11	3 2 2 1 5
12	1 2 2 1 4
13	2 2 2 2 5
14	2 2 2 2 6
15	2 2 2 2 6
16	1 1 3 3 1 4
17	2 2 2 1 3
18	7 2 2 2
19	5 2 1 1
20	4 2 1
21	2 2 2 2
22	2 3 2 2
23	2 5 1
24	3 9
25	3 10

A31 크리스마스트리에 달아요

난이도 ★★☆☆☆

25×25

열 힌트 (위 → 아래):

열	힌트
1	2
2	4
3	6
4	6 6
5	6 3 4
6	3 5 5 2
7	2 4 1 1
8	1 3 1 1 4
9	1 2 2 1 4
10	2 2 2 1 4
11	1 1 2 1 5
12	3 9 1 2 5
13	6 2 1 1
14	10 1 2 1
15	1 1
16	4 1 2 1 5
17	2 2 2 1 5
18	1 2 2 1 4
19	1 3 3 1 4
20	2 2 8 4
21	8 4 1
22	5 6
23	6 4
24	5
25	3

행 힌트 (왼쪽 → 오른쪽):

행	힌트
1	2
2	4
3	5
4	4 9
5	3 1 8 2 3
6	7 3 5
7	6 1 1 5
8	5 11 4
9	10 3 8
10	7 2 2 5
11	2 2 2 1
12	1 2 2 2
13	4 3
14	1 2
15	1 2
16	2 1
17	1 2
18	2 9 2
19	4 4
20	3 3
21	1 7 2
22	1 6 6 2
23	2 5 5 2
24	7 7
25	6 6

난이도 ★☆☆☆☆

25×25

Column clues (top), read left to right in each row:

Row	Numbers
1	2 2 … 2 1
2	5 2 … 2 2 4 … 2 1 … 2 2
3	2 1 1 2 6 3 2 3 2 2 2 2 2 2 3 3 4 1 2 1
4	2 1 3 1 2 5 8 1 1 1 2 2 2 3 5 2 3 1 1 2 3 3
5	3 4 2 2 10 3 2 3 2 1 2 1 1 3 1 2 4 12 8 4 3
6	5 9 4 1 2 4 4 2 4 3 2 2 1 1 1 1 1 1 2 2 4 5 2 13 4

Row clues (left), top to bottom:

#	Clue
1	4 4
2	3 3 2 3
3	2 2 6 1 1
4	1 13 2
5	1 5 4 1
6	2 4 7 2 2
7	8 11 4
8	3 1 2 1 4 2
9	2 2 1 1 3 2
10	2 1 2 1 3 1
11	1 1 1 2 2 1
12	1 1 1 3 2 1
13	1 1 1 3 4 1
14	1 1 3 2 2 1
15	1 1 1 2 2 1
16	1 1 1 2 2 1
17	2 1 2 2 2 1
18	2 2 1 1 2 2
19	1 1 2 2 1
20	2 2 2 1 2 1
21	2 2 3 1 3 2
22	3 2 6 2
23	7 4
24	19
25	4 3

A33 옷을 잘 정리해요

난이도 ★★☆☆☆

25×25

가로(열) 힌트

C1	C2	C3	C4	C5	C6	C7	C8	C9	C10	C11	C12	C13	C14	C15	C16	C17	C18	C19	C20	C21	C22	C23	C24	C25
			5																					
		5	2	5											1	5	5	5		5				
		5	2	5	5	5	5	1	3	4	2	2	6	4	2	2	2	2	5	2	5			
5	5	2	2	2	2	2	2	2	2	3	4	6	3	2	1	1	2	3	2	2	2	5	5	5
4	4	2	5	6	3	2	1	1	1	1	1	1	1	1	4	8	9	6	5	7	2	4	4	3

세로(행) 힌트

행	힌트
1	9 4 10
2	8 6 9
3	8 2 2 9
4	8 2 2 9
5	8 3 9
6	2
7	2
8	2
9	4
10	8
11	5 5
12	4 4
13	4 4
14	4 12 4
15	2 2 3 3
16	6 7
17	6 8
18	1 2 1
19	1 2 2
20	1 3 1
21	2 3 1
22	1 4 1
23	1 4 1
24	1 4 1
25	1 4 1

20×30

Column clues (top):

		2	3	3	1			1									2	1	
	1	2	1	2	10	11	11	12									1	3	6
	3	1	2	2	1	1	1	2	2		2						1	2	3
6	3	2	1	2	1	1	1	1	12	3	16	1		2	3	3	1	3	5
4	6	2	1	2	1	1	1	2	3	13	3	16	16	16	14	1	2	4	5
14	3	1	1	1	2	2	4	3	6	10	2	2	7	4	2	2	2	2	2

Row clues (left):

		6	5	5
		4	3	4
1	2	1	2	1
			1	1
		2	9	1
		2	11	2
		3	11	2
		1	11	3
				11
			1	11
		3	11	1
		4	11	3
		2	11	2
				11
		1	12	1
	2	2	8	2
		4	6	3
	3	5	5	2
	2	2	8	1
			3	6
		2	7	4
	1	2	2	3
	1	2	1	2
	1	8	3	2
1	2	3	4	1
	1	3	2	3
	1	3	6	3
	2	7	2	1
		1	3	1
			1	2

난이도 ★☆☆☆☆

20×30

Column clues (top → bottom):

1	2	3	4	5	6	7	8	9	10	11	12	13	14	15	16	17	18	19	20
																	1		
														1	1	2	2		
					3				2		2	2	1	1	2	1	1		
				4	3	2			4	2	14	2	1	2	2	1	2	2	
	7	5	5	2	3	2	5	3	2	2	3	5	4	3	8	2	8	2	
5	4	3	2	2	2	2	5	2	1	2	2	3	2	2	3	2	2	1	
10	4	9	9	9	9	10	5	13	3	3	2	2	2	2	1	1	1	2	30

Row clues (left → right):

Row	Clues
1	6 1
2	8 9
3	8 2 1
4	5 1 5 1
5	4 1 1 6 1
6	2 1 1 1 6
7	2 1 2 1 3
8	5 1 1 1
9	5 2 1 1
10	1 3 1 1
11	1 2 1 1
12	2 1 2 1
13	1 9 1
14	1 1 4 3 1
15	1 2 2 6
16	1 2 4 3
17	1 2 4 3 1
18	1 9 3
19	1 2 7 1
20	1 2 6
21	2 3 3 3
22	6 1 6 1
23	6 1 6 1
24	6 1 3 1
25	5 1 1
26	5 1 1
27	5 1 1
28	5 3 1
29	5 7 1
30	5 10 1

A36 꼬리가 달렸어요

난이도 ★☆☆☆☆

20×30

Column clues (top to bottom per column):

Col	1	2	3	4	5	6	7	8	9	10	11	12	13	14	15	16	17	18	19	20
																3	3	3	2	
		3	3	1	2	1	1	2		14						3	4	4	5	2
	6	3	4	7	7	8	8	8	10	14	18	4	12	9	4	4	4	4	9	10

Row clues (left to right per row):

Row	clue
1	2
2	3
3	4
4	2 2
5	3 1
6	3 2
7	5 2
8	3 2 2
9	3 3 1
10	2 5
11	3 4
12	3 3
13	3 3
14	3 2
15	2 2
16	3 3
17	3 4
18	3 4
19	3 3
20	5 3
21	7 2
22	4 3 1
23	2 7 1
24	12
25	1 9
26	1 9
27	11
28	11
29	10
30	6

A37 추억을 남겨요

난이도 ★☆☆☆☆

30×20

031

A38 참참참! 뽕!

난이도 ★☆☆☆☆

30×20

Column clues (left to right):

30	23 6	3 1	2 2	2 3 3	6 2 2	9 3 3	10 2 2	13 3	12 2	10 4	8 3	5 6	4 8	13	11	11	10	9	5

Row clues (top to bottom):

2 4
2 6
2 9
2 9
2 10
2 11
2 9 3
2 7 5
2 6 6
2 5 7
2 2 8
2 12
2 2 10
2 2 10
2 1 2 7
2 2 2 7
2 2 1 4
2 1 2
2 2 2
4 1
3 2
3 2
2 1
1 2
4
2
2
2
2
2

30×20

30×20

(Nonogram puzzle grid — 30 rows × 20 columns)

Row clues (top to bottom):
- 13
- 10 | 2
- 9 | 2
- 8 | 2
- 8 | 2
- 5 | 2 | 3
- 4 | 3 | 3
- 4 | 3 | 2
- 5 | 2 | 3
- 4 | 1 | 4
- 3 | 1 | 3
- 2 | 4 | 2
- 2 | 3 | 1
- 2 | 3 | 3
- 2 | 2 | 3
- 2 | 2 | 6
- 3 | 1 | 4
- 3 | 1 | 3
- 3 | 2 | 2
- 3 | 3 | 2
- 2 | 3 | 2
- 2 | 2 | 2
- 2 | 2 | 2
- 3 | 2 | 4
- 4 | 2 | 2
- 4 | 2 | 2
- 5 | 2 | 3
- 8 | 2
- 9 | 2
- 14

A41 어깨에 걸고 다니며 칠 수 있어요

난이도 ★☆☆☆☆

30×20

30×20

Nonogram puzzle (30×20)

Row clues (top to bottom):

8	7			
7	4	2		
6	3	1		
5	4	2		
4	4	2	1	
3	4	3	2	
2	5	2	3	2
1	5	4	1	2
5	6	1		
5	4	1		
4	4	1		
3	4	2		
4	3	2	1	
4	5	3		
3	3	2	2	
3	6	2		
3	4	2		
4	4			
3	3	1		
2	2	1		
1	9			
2	8	2		
1	4	1	2	
1	4	1	2	
7	1	2		
4	3	1	2	
3	8	2	3	
4	7	3		
4	8			
4	1			

B43 임기응변식으로 상황에 대처하면 안 돼요

난이도 ★⯪☆☆☆

30×30

세로 힌트 (열)

열	힌트
1	1 1 2 7
2	2 2 2 8
3	6 2 9
4	2 3 2 9
5	5 1 3 10
6	3 2 3 11
7	3 2 12
8	5 15
9	3 18
10	5 19
11	2 22
12	23
13	4 16
14	15 1
15	5 12 16 1
16	3 18 2
17	2 1
18	13 3
19	5 5 14 2
20	4 5 3 3 5
21	4 4 3 2 2
22	2 4 3 1 2
23	3 4 1 2
24	5 2 5 2
25	1 2 2 1
26	4 5 2 1
27	4 3 1 2
28	2 2 2 1 1
29	1 1 1 2 3
30	2 2

가로 힌트 (행)

행	힌트
1	1 2 2
2	2 2 2
3	2 1 2
4	2 2 2 2
5	2 2 2 3 2 2
6	4 4 2 3 3 4
7	2 3 3 3 3 2
8	2 2 2 3 4 1
9	2 1 2 3 3 2 4
10	2 2 6 3 3 2
11	2 3 11 3 2
12	2 1 10 4 2
13	2 15 1
14	2 14 2
15	5 13 3
16	3 14 3
17	13
18	12
19	17
20	19 4
21	22 2
22	16 2 1
23	13 4
24	13 2 1
25	16 1
26	12 2 1 5
27	11 4 3 3
28	11 5 1
29	10 2 1 2
30	9 1

30×30

Nonogram puzzle (30×30)

Row clues (top to bottom):
- 5
- 2 2 5
- 1 2 2 2
- 4 5 1 5
- 2 1 6 2 4 1
- 1 2 3 4 2
- 1 4 6 2 1 2 2
- 1 4 6 1 1 2 1 1
- 1 2 5 2 1 2 1 2
- 2 4 1 2 1 3 3
- 1 4 3 2 8
- 1 2 4 2 7
- 2 4 4 2 2 4
- 1 5 1 2 2 3
- 1 1 1 4 2
- 2 2 1 3 2
- 19 2
- 7 4 4 12
- 1 4 3 3 1 1
- 5 2 2 12
- 1 18 4
- 2 5 3 3 4 2
- 1 3 2 2 11
- 1 1 1 1 4 3
- 2 7 2 4 1
- 1 5 3 4 2
- 1 3 4 2
- 2 1 10
- 1 4 6
- 22

B45 중요한 사람을 지켜줘요

난이도 ★★☆☆☆

30×30

세로(열) 힌트 (위쪽)

1	2	3	4	5	6	7	8	9	10	11	12	13	14	15	16	17	18	19	20	21	22	23	24	25	26	27	28	29	30
															3														
															1														
														3	1												3	2	
									3						1												4	4	
					6			2						2	1	3		4							2	2	1	5	4
					2			1						5	4	1	6	4	1						5	5	2	2	2
		1	8	10	1	3	4	2	1	1	2	1	4	2	7	3	2		3	6	12	2	1		1	1	1	1	1
1	2	11	1	3	4	2	2	2	1	1	2	3	3	2	6	4	2	2	1	9	2	1	1	1	1	1	3	2	1
5	12	12	10	3	3	3	2	1	2	11	11	4	2	3	5	6	10	11	5	2	1	1	1	1	1	3	10	10	5

가로(행) 힌트 (왼쪽)

1. 11 2
2. 15 4
3. 6 9 1 2
4. 6 4 1 2
5. 6 1 1 2
6. 5 1 1 2
7. 4 5 6 1 2
8. 7 4 2 1 2
9. 1 2 5 5 1 4
10. 3 1 4 5 4 3
11. 3 1 1 1 4 1 1
12. 1 2 1 7 2
13. 3 1 4 3
14. 1 2 4 1 4 2
15. 3 1 2 5
16. 1 2 1 5
17. 3 5 1 3
18. 2 2 3 2 2
19. 5 2 2 3 3 2
20. 4 1 5 5 1 5
21. 3 2 2 7 1
22. 3 1 3 5 2 1
23. 3 2 6 3 7
24. 3 5 2 3 1 1
25. 3 2 2 1 1
26. 4 2 3 1 1
27. 4 3 3 1
28. 3 3 3 2
29. 3 3 3 1
30. 3 3 9

B46 + B47　노로 저어요

30×30

+

Column clues (left to right):

1. 5, 1, 1, 1
2. 2, 2, 1, 1, 1
3. 1, 3, 1, 1
4. 1, 1, 2, 1, 1
5. 1, 2, 1, 1
6. 6, 7, 1, 1, 3, 1
7. 15, 1, 1, 2, 5
8. 5, 2, 3, 1, 2, 4
9. 4, 1, 2, 2, 1
10. 3, 2, 4, 2, 1
11. 3, 12, 2, 1
12. 3, 2, 2, 1, 1
13. 7, 1, 2, 2
14. 1, 3, 2
15. 1, 4, 3
16. 2, 1, 1, 9
17. 5, 4, 2
18. 1, 3, 2
19. 1, 1, 2
20. 4, 6, 2
21. 2, 6, 6, 4, 2
22. 2, 2, 6, 4, 2
23. 4, 1, 4, 2
24. 1, 4, 3
25. 1, 4, 3
26. 5, 2, 1, 4, 1
27. 3, 5, 1, 4, 1
28. 3, 2, 1, 4, 1
29. 1, 3, 1, 4, 1
30. 3, 1, 4, 1

Row clues (top to bottom):

1. 2
2. 6 1 1
3. 8 2 1
4. 11 1 1
5. 5 3 2 1
6. 4 1 2 1 1
7. 3 1 2 1 2
8. 2 1 4
9. 2 2 4
10. 6 2 1
11. 3 1 2 1 1 1
12. 3 1 6 3
13. 4 1 8
14. 5 1 7
15. 5 1 5
16. 6 1 1 2
17. 4 15
18. 4 1 1
19. 3 7 11
20. 2 5 14
21. 1 7 3 11
22. 1 21
23. 2 3
24. 3 5
25. 3 2 3
26. 7 2 2 1
27. 5 2 2
28. 9 17
29. 2 13
30. 13 7

30×30

									6	4			3											2	1				
						6	9	5	1	3	3		2						1	2		3	2	2	3				
						7	3	1	1	1	2	3	4			2			2	2	9	1	2	1	1	4		1	
	1	1		5	3	1	1	1	1	1	1	1	1		2	3	3	3	1	1	1	1	1	2	1	1		2	3
1	4	1	4	10	11	1	1	1	2	2	5	1	2	7	4	1	2	3	3	3	3	3	2	1	2	1	2	2	2
4	1	4	8	2	2	2	2	3	2	2	6	4	1	11	4	4	4	3	1	1	2	2	3	1	1	3	4	1	2
1	1	3	3	1	1	1	2	3	1	1	2	2	2	2	2	3	3	3	1	1	2	2	1	1	1	3	3	2	1

3				
2	1			
6	2	1		
9	1	2		
11	2	1		
7	3	1	2	
7	1	2	1	2
5	1	1	2	3
2	2	1	2	
3	2	2	3	
1	5	1	1	
3	1	2	2	1
3	2	2	3	2
3	1	4	2	
5	1	3	2	
5	5	2		
12	14			
4	1	3		
6	13	1		
27	1			
6	2	9	1	
18	2			
4	2			
2	1	5		
2	2	7		
2	1	3		
2	1	12		
5	11	2	1	
2	2	18		
9	2	2	2	

B48 빛깔이 아름다워요

난이도 ★★☆☆☆

30×30

Column clues (left to right, top to bottom)

Column	Clues
1	4 6 4
2	6 11
3	2 2 2 2 4 1
4	2 2 3 6
5	3 1 1 7
6	5 2 4 2
7	3 1 1 3 3
8	2 2 10
9	1 1 10
10	2 2 3 5
11	5 3 3 3
12	2 8 1 1 3
13	2 3 3 3 2
14	4 1 1 1 1 1 4 2
15	1 4 2 2 3 10
16	2 2 1 1 3 1 6 2
17	2 2 3 2 8 2
18	1 1 1 1 1 3 2 1 1
19	1 1 2 1 1 5 2 1
20	1 1 4 2 4 2 5 1
21	1 1 1 2 1 2 1 1 2 2 1
22	1 1 1 4 1 6 3
23	2 1 4 5 1 2 2
24	1 1 1 3 1 1 5 1
25	1 1 2 10 3 1
26	2 1 1 7 2 1
27	3 1 5 1 3 2
28	2 1 6 2 3 2
29	2 2 2 1 4
30	2 5 9

Row clues (top to bottom, left to right)

Row	Clues
1	7
2	4 2
3	3 6 2
4	7 2
5	4 12 2
6	3 3 1 2 5
7	4 2 4 6 2
8	6 3 7 4
9	2 2 1 2 3 2
10	2 2 4 3
11	4 1 2 1
12	5 2 6 3
13	2 8 3 1
14	2 3 1 1 1 1 1 1 3
15	2 3 3 8
16	3 2 4 1 1 4 1
17	2 6 2 1 3 6
18	3 6 1 2 9
19	2 3 7 1 4
20	2 3 10 3
21	2 5 4 2 1 5
22	10 6 4 3
23	6 5 3 2 3 1
24	15 1 4 1
25	5 9 2 4 1
26	2 7 1 2 2 1
27	6 1 2 3
28	2 2 2 2
29	2 2 4
30	14

난이도 ★★☆☆☆

30×30

가로 힌트 (행, 위→아래 / 왼쪽→오른쪽)

행	힌트
1	9
2	11
3	8
4	8
5	7
6	7
7	9
8	11
9	9 1
10	2 5 3 2
11	3 4 2 2
12	2 4 2 2
13	4 2 2
14	2 3 3 2 2
15	2 3 2 2 2
16	2 2 2
17	2 3 2 2
18	2 1 2 2 2
19	3 5 2 2
20	3 5 1 2 2
21	3 4 5 6
22	2 4 6 6
23	2 4 8 5
24	1 1 2 8 3 4
25	1 2 1 3 4 6 3
26	1 2 4 2 9 2
27	1 3 4 3 12
28	6 7 15
29	30
30	30

세로 힌트 (열, 위→아래)

열	힌트
1	3 13
2	3 2 6 3
3	1 2 3 7
4	2 6
5	7 5 4
6	8 8 3
7	5 2 2
8	8 7 3 7
9	6 2 6 2 9
10	6 2 1 5 4
11	7 1 1 4 3
12	2 6 4
13	8 2 10
14	10 10
15	8 2 3 2
16	4 2 3 1 4
17	4 2 2 7
18	4 2 2 7
19	3 2 2 7
20	3 2 2 6
21	2 2 2 6
22	2 2 2 6
23	2 2 2 5
24	2 2 2 5
25	1 2 2 5
26	2 3 4
27	6 4
28	6 3
29	6 3
30	5 3

30×30

Column clues (top, read top to bottom per column):

											5	4									3				9				
									5	1	1	3									2				2				
					1		2	7	1	1	1	2	4			7		1	3	12		11	2	6	1				
	2	2		1	2	2	1	4	12		18	6	4	1	1	1	2	5	1	12	1	2	3	2	11	1	1	3	2
	2	2	2	1	2	4	2	2	3	16	2	10	3	2	1	1	1	5	7	6	7	8	1	2	3	1	4	2	5
4	2	2	4	4	2	1	1	2	3	7	2	8	3	2	5	6	7	10	2	2	2	2	4	5	12	9	2	2	2

Row clues (left):

Row	Clues
1	6 4
2	10 6
3	10 6
4	7 3 8
5	6 3 5
6	4 2 8
7	3 3 4 8
8	4 1 2 4
9	4 2 2 4
10	5 2 3 4
11	6 4 5
12	12 3 2
13	6 6 1
14	8 2 4 3
15	2 6 2 7 1
16	2 4 2 4 1 1
17	2 4 3 1 1
18	2 1 2 4 2
19	2 2 2 14
20	1 2 1 2 3 2
21	1 3 2 1 3 1
22	2 1 1 2 3 2
23	2 3 1 1 3 3
24	4 2 1 1 3 3
25	2 3 2 3 3
26	4 10 4
27	5 19
28	4 1 1 15
29	3 3 7
30	2 3 4

30×30

Row clues (top to bottom):
- 15
- 3 10
- 2 5 9
- 2 2 2 7
- 2 2 6
- 2 6 2 7
- 1 8 3 5
- 1 3 3 2 5
- 1 1 1 1 2 1 4
- 3 1 1 1 1 3
- 2 2 2 1 3
- 4 2 2 2 2
- 2 7 3 2
- 2 4 1 3 2
- 3 2 2 1 2 2
- 2 1 1 1 2 5
- 6 2 1 2 2 2
- 3 3 2 4 1
- 1 1 2 4
- 2 1 3
- 3 4 3
- 2 17
- 1 1 7 5
- 1 4 5
- 2 2 6
- 2 2 1 1
- 2 2 1 1
- 4 3 9
- 15 2
- 7

30×30

행(가로) 힌트:

						6
					3	5
					1	2
					2	2
					1	1
		4	1	2	1	
		3	2	2	4	
		3	2	3	6	
		2	5	10	2	
		2	6	8	1	
	1	2	3	2	2	
	2	3	2	2	3	2
1	2	2	2	2	2	2
1	4	1	1	1	1	2
		1	3	3	2	3
		1	1	4	3	3
			2	2	3	11
				3	3	12
				3	5	4
				3	7	2
		4	5	4	2	
			10	4	3	
				8	7	
		5	5	6	5	
		7	3	4	6	
		8	3	4	9	
		8	4	4	10	
			9	8	11	
			10	6	12	
			11	3	13	

열(세로) 힌트 (왼쪽에서 오른쪽으로):

- 3 7 7
- 2 3 7
- 2 3 7
- 3 3 7
- 3 3 7
- 2 2 2 3 6
- 2 4 1 3 6
- 1 3 3 3 5
- 1 3 4 4 3
- 2 2 3 6 2
- 3 3 3 8 1
- 4 5 4 4
- 5 3 4 4
- 3 3 4 3
- 3 3 3 3
- 4 3 3 3
- 3 15 4
- 8 4 1
- 3 8 2
- 2 2 6 3
- 1 2 2 4 4
- 2 2 2 2 5
- 1 2 3 2 5
- 1 3 3 3 5
- 2 2 3 5 7 6
- 1 5 5 7
- 1 2 5 3 4 7
- 2 2 2 2 6 7
- 6 4 5 7
- 5 5 7

046

30×30 네모로직 (Nonogram)

행(가로줄) 단서 — 위에서 아래로:

#	단서
1	12 6
2	12 8
3	11 9
4	10 8
5	6 2 7
6	4 7
7	3 2 8
8	3 10
9	3 2 5
10	3 2 3
11	3 1 2
12	3 2 3 2 9
13	3 1 6 2 4
14	3 2 3 2 6
15	3 3 2 2 1 1 1
16	5 2 3 1 3 5
17	3 2 3 2 1 1 1 5
18	2 7 1 1 1 1 2
19	2 4 2 1 1 1 5
20	4 3 1 3 2
21	18 1 3 5
22	2 2 1 2 4 2 1 6
23	2 2 2 2 4 2 7
24	2 1 2 4 9
25	3 1 2 2 2
26	3 1 1 3 1 3
27	2 2 2 4 2 5
28	5 5 7 7
29	5 3 2 9
30	3 4 11

열(세로줄) 단서 — 위에서 아래로:

#	단서
1	21 4
2	28
3	17 7 1
4	6 1 2 2
5	5 3 2 1 4
6	5 2 4 5 2
7	5 4 2 4 3 2
8	5 1 3 1 2
9	2 2 1 4 2
10	4 3 2 5 2
11	3 3 2 1 2
12	2 6 2 3 2
13	7 2 3 2
14	3 2 2 1 2 2
15	3 1 2 8 1
16	3 5 11
17	3 6 6 4
18	3 2 9 1
19	4 4
20	9 2 1
21	3 1 1
22	4 3 2 2 2
23	3 2 6 1 2
24	2 3 2 3
25	4 3 3 3
26	4 13 4
27	3 3 2 6 4
28	3 1 2 1 4 5
29	1 1 4 4 5
30	2 1 6 4 5

B54　꼬리에 독이 있으니 조심해요

난이도 ★★☆☆☆

30×30

Column clues (top):

									1	1																			
									2	1		1		1	1														
							3	2	3	3	2	5	3	3	1								2		3				
							4	4	2	3	4	1	5	2	1	1	2	2	5	1	1	2	2		3				
			14	13	12	2	3	2	2	1		2	4	3	3	2	1	2	1	2	6	2	2	3	1	5			
		14	1	4	2	2	4	1	1	4		2	2	2	2	3	3	1	2	2		2	3	8	2	2			
14	14	14	14	14	2	2	2	3	4	2	2	2	2	2	1	2	2	2	2	3	6	2	4						
14	2	2	1	2	6	2	1	1	2	1	2	1	1	2	3	3	3	2	6	5	4	2	3	2	3	6	2	4	
6	2	2	5	5	2	3	2	4	1	2	4	1	2	4	2	4	1	1	2	1	2	6	2	4	2	1	3	1	8

Row clues (left):

- 14 6
- 12 3 4
- 11 3 2 1 2
- 10 2 3 2 2
- 10 1 3 4 1
- 10 6 2 3
- 10 8 3 1
- 11 6 1 2
- 12 3 1 1
- 12 2 1
- 12 4 7 1
- 10 2 6 5
- 9 9 4 2
- 8 3 6 2 2
- 2 4 3 1 1
- 1 8 2 2
- 3 4 1 4
- 4 4 2 3 2
- 2 3 2 2 2 2 1
- 1 2 1 2 2 2 2 3
- 4 2 1 2 2 7 2
- 2 3 3 2 4 3 2
- 2 5 4 7 2 2
- 1 1 3 3 2 1
- 1 1 1 4 3 3 4
- 1 2 1 1 1 3 2 1 1 1
- 1 6 5 3 1 1 2
- 2 3 2 2 1 2 2 2 1
- 4 2 3 3
- 2 5

나의 사랑을 받아주오! 난이도 ★★☆☆☆

30×30

가로(행) 힌트 — 위에서 아래로:

- 3 2 3
- 4 1 3 2 1
- 3 2 1 1 1 1
- 1 2 2 2 2
- 2 3 11
- 7 4 7
- 5 2 6
- 2 4 3 4
- 1 1 2 1 1 2
- 2 1 1 1 3
- 4 1 2 3 2
- 4 2 1 2 2
- 5 2 5
- 3 11 4
- 1 4 1 1 4
- 6 2 2 2 2 2
- 2 2 3 4 1 1
- 1 4 2 1 2 2
- 2 1 3 1 5 1
- 1 4 1 8 1 1
- 1 2 1 3 1 4
- 2 5 1 3 4 1
- 5 2 1 3 2 1
- 1 4 3 2 2
- 2 2 2 8 2
- 2 3 3 4 1 2
- 4 3 5 2 3
- 10 5
- 4 2 7
- 22

세로(열) 힌트 — 왼쪽에서 오른쪽으로:

열	힌트
1	4 3 7
2	2 3 3 3 2 1 2
3	3 3 1 2 1 2
4	2 1 11 1 1 2 1
5	2 3 2 1 1 1 2
6	5 3 1 3 2
7	3 3 7 2
8	3 2 4 2 1
9	2 1 3
10	1 7
11	6 1 3 17
12	8 4 1 2 1 5
13	3 2 2 2 1 1 1
14	2 1 3 3 1 1 1
15	2 2 1 1 2 1 11
16	2 2 2 2 1 10 2
17	2 1 2 2 1 9 1
18	1 2 4 1 1 3 1
19	2 2 2 1 1 1
20	2 4 2 1 4 1
21	1 3 2 1 1 9
22	6 4 2 1 2 1
23	8 2 1 1 2
24	7 4 2 1 1 4
25	3 2 3
26	2 2 1 4
27	1 1 2 5
28	2 2 6
29	3 1 1 2 2
30	3 1 2 7

B 56 + B 57　머리에 화려한 깃털이 있어요

30×30

세로(열) 힌트

			2		2															2									
			5	6	2		4		2	2										2	1								
			1	1	5	7	1	6	11	8	8			2					2	1									
3	4		2	1	1	2	11	3		2	4	3	7	2				4	3	1	1		2		2				
3	10	15	3	4	6	1	4	3	14	3	2	2	2	5	1	3	3	2	2	1	1	3	3	4	2	1	4	2	
3	5	5	4	1	2	2	2	1	1	2	2	2	2	3	5	4	2	2	2	2	2	2	6	2	2	2	2	2	
8	3	3	2	1	4	1	3	4	10	1	2	5	7	11	4	5	2	4	3	4	4	3	4	3	2	3	5	2	7

가로(행) 힌트

						3	3
					2	4	4
				3	6	2	3
				6	2	2	8
				6	6	4	4
3	2	7	2	2	1	1	
				4	10	12	
	5	8	1	2	2	2	
	3	10	2	6	2	1	
	2	8	1	1	2	1	
		5	6	2	2	1	
			3	8	6	1	
	4	3	2	2	4	2	
			7	2	4	1	
		2	5	2	2	1	
		2	2	2	4	1	
				5	6	2	
		1	2	2	2	1	
		3	3	3	2	2	
					13	2	
				5	4	2	
		3	2	5	2	2	
			4	3	5	6	
		4	2	7	2	2	
	4	2	3	3	4	1	
3	1	3	2	1	1	1	2
	1	1	5	3	2	1	
		3	5	3	1		
					4	4	
					5	4	

30×30

Column clues (top), 30 columns:

1	2	3	4	5	6	7	8	9	10	11	12	13	14	15	16	17	18	19	20	21	22	23	24	25	26	27	28	29	30
								1															6			2			
							3	2	2									4	2		5	1		6		7	3		
			4		2	2	2	3	2	3	3			7	1	5		2	1		3	4	2	6	1	2	6		
3	2	7	10	3	2		3	1	1	2	7	5	1	7	2	1	1	2	2	2	1	1	2	2		1	2		5
4	5	5	6	5	5	3	3	5	8	10	1	2	1	2	1	1	1	5	7	2	6	7	3	1	3	3	5	7	8
4	5	5	5	5	4	3	2	5	3	2	3	2	1	14	10	6	2	4	5	5	4	3	7	5	2	4	4	7	10

Row clues (right), 30 rows:

#	Clues
1	2 3 2 2
2	2 3 2 2
3	2 2 1 2
4	2 2 3 2
5	2 2 1 5 2
6	3 2 7 1
7	2 6 7 1
8	1 3 7 10 1
9	4 5 2 7
10	4 3 2 3
11	2 2 5
12	2 1 3 2
13	3 2 6 2 1
14	3 3 5 2 1
15	2 10 3 1
16	1 3 1 1
17	3 1 3 2 1
18	4 5 1 4 3
19	5 6 2 2 6
20	6 6 2 6 1
21	6 6 2 6 2 1
22	5 4 2 8 1
23	4 3 2 7 1
24	3 2 3 6 2
25	5 3 4 2
26	4 2 3 3 1 2
27	7 2 5 2 1 1 2
28	12 3 2 2 1 2
29	13 1 2 2 2 2
30	6 3 2 2 2 2

B 58 뱀파이어가 무서워 해요

30×30

가로 힌트 (행)

행	힌트
1	5
2	1 3
3	1 3
4	1 3
5	1 3
6	2 3
7	4 5
8	6 2 4
9	5 1 2 4
10	2 1 1 1 4
11	1 1 1 2 4
12	2 1 2 2 4
13	1 1 2 2 4
14	1 2 2 1 3
15	1 2 2 1 3
16	1 2 2 1 3
17	1 2 2 1 3 5
18	1 2 1 1 4 7
19	2 2 2 7 3 2
20	2 1 2 3 3 2 1
21	3 3 1 3 1 1 2
22	13 1 8
23	2 9 1 2
24	6 2 2 4 3
25	11 2 2 4 1 3
26	11 5 2 1 3
27	13 2 1 3
28	18 1 2 3
29	18 1 2 4
30	18 5 5

세로 힌트 (열)

열별 힌트 (위에서 아래 순서):

열	힌트
1	8 8
2	3 3 8
3	2 2 7
4	2 5 2 7
5	2 8 1 7
6	5 4 7
7	3 3 6
8	3 3 6
9	17 2 6
10	1 9 2 6
11	5 5 6
12	8 2 4
13	9 4 4
14	4 6 3
15	2 5 1 3
16	1 3 10 1 3
17	2 2 1 3
18	2 1 2 3
19	4 6 3 2
20	16 4
21	11 3 1
22	7 2 1
23	4 2 1
24	3 4 2
25	3 3 2
26	2 1 5 1
27	2 1 2
28	2 1 7
29	3 2 7
30	5 7

B 59 열심히 쪼아 먹어요

난이도 ★★⯪☆☆

30×30

세로 힌트 (열)

열	1	2	3	4	5	6	7	8	9	10	11	12	13	14	15	16	17	18	19	20	21	22	23	24	25	26	27	28	29	30
						6	6	5			5		5	5							1									
						1	1	2	5		1	5	1	2	6	6	2	1	2	2	1									
						2	1	2	1		3	1	4	3	1	1	3	7	3	2	1	2	1			2	1	2	3	4
	9	8	7	6		1	1	2	2		2	4	1	2	4	1	1	2	2	2	3	1	2	2	2	3	1	2	2	5
	13	11	4	3	2	2	2	2	3	1	1	5	2	2	1	2	1	1	2	4	6	1	3	2	1	2	1	2	2	10
	8	11	5	4	5	6	2	1	1	4	4	2	2	1	2	2	1	2	2	2	2	2	2	2	4	4	3	1	2	4
	3	3	3	3	3	4	1	1	1	1	1	1	1	1	1	2	2	2	2	2	2	2	2	2	3	3	3	2	6	1

가로 힌트 (행)

행	힌트
1	18 5 5
2	17 2 2 4
3	16 1 2 3
4	16 2 2 1 2
5	16 2 2 3 1
6	8 2 1 3 2
7	5 6 2 3 2
8	4 4 6 1 1
9	3 2 3 1 1
10	2 2 1 2 2 1
11	2 1 2 1 5
12	1 2 3 1 3
13	1 1 2 2 3 2 1
14	2 3 2 1 8
15	2 4 5 2 2
16	1 5 7 2 1
17	2 4 4 3 1
18	6 4 4 1
19	9 3 2 2 2
20	6 3 2 2
21	3 3 2 2 2
22	3 4 2
23	2 4 3 1
24	2 8 1
25	4 2
26	5 2
27	2 1
28	6 3 1
29	6 14
30	30

30×30 네모로직 (노노그램) 퍼즐

가로 열 힌트 (위쪽)

열	힌트
1	6 5 7
2	2 4 13
3	3 2 4 14
4	1 2 7 2
5	2 2 2 9
6	3 1 2 3 5
7	1 2 2 1 8
8	2 2 1 1 3 8
9	2 1 2 5 2 9
10	1 2 2 5 1
11	11 1 6
12	8 4 1 1 3
13	10 2 1 2 5
14	3 1 3 3
15	2 2 2 4
16	1 1 1 2 2 5
17	2 1 2 1 1 5
18	1 2 2 6 12
19	1 1 6 2 11
20	2 2 2 2 3
21	8 2 8
22	6 4 1 8
23	2 2 1 1 2 5 1
24	2 1 1 1 2 8
25	1 2 1 3 8
26	2 2 2 1 1
27	1 1 2 1 9
28	2 2 3 4 13
29	2 11 2
30	1 6 7
31	3 5 14

세로 행 힌트 (왼쪽)

행	힌트
1	7
2	6 1 1 1 1 4
3	2 2 3 3 3 2
4	2 15 2
5	1 3 4 4 1
6	1 1 1 5 4 1
7	1 3 1 4 1 2 2 1
8	1 1 6 2 2 2
9	2 1 6 3 3 1
10	5 6 4 2 3
11	1 2 3 2 1 4 2
12	1 3 1 4 1 2
13	3 2 2 2 3
14	3 4 6
15	1 4 2 1 2
16	2 4 2 2
17	3 4 4 2 3
18	4 2 2 5
19	3 3 1 1 4 4
20	3 7 4 4
21	4 1 5 4
22	5 3 1 3 5
23	10 1 5 5 1
24	11 2 13
25	5 5 1 14
26	10 2 15
27	9 1 5 10
28	3 5 16 2
29	9 11 7
30	10 5 13

35×35

Row clues (top to bottom):
- 11
- 2 9
- 2 11
- 1 12
- 2 13
- 18
- 1 7
- 11 3
- 2 4 1
- 1 10 7
- 16 3
- 5 2 6 2
- 3 2 5 2
- 1 2 2 3 6 1
- 3 1 4 6 2 3
- 2 4 3 3
- 5 3 1 2 4 1
- 4 3 1 5 2 2
- 3 2 3 1 4
- 3 2 3
- 2 1 1 1
- 1 1 2 1 1
- 2 4 3
- 1 6 2
- 1 6 1
- 2 4 2
- 1 1 3
- 1 2 2 2
- 2 3 5 2
- 4 1 7 3 3
- 6 2 2 3 4
- 4 3 2 2 5 5
- 6 5 2 5 2 3 3
- 6 13 2 3 1
- 4 7 2 3

Column clues (left to right), bottom row:
2 3 3 4 4 5 4 3 7 4 3 2 3 2 2 3 4 2 2 2 2 3 2 8 4 6 3 4 5 5 5 2 1 1 2

35×35

Row clues (top to bottom):

- 18 8 4
- 17 13 3
- 16 15 2
- 15 17 1
- 15 18
- 15 2 15
- 18 15
- 3 8 1 12
- 2 6 3 10
- 2 6 1 3 7
- 2 3 1 1 2 7
- 3 2 1 2 3 1 4
- 3 2 1 3
- 2 1 5 1 4
- 2 2 3 7
- 2 2 10
- 2 8 7
- 2 4 9
- 3 9 5
- 3 6 4
- 5 5 4 4
- 2 1 5 3 3
- 1 4 1 2 3
- 1 1 4 1 3
- 1 4 1 1 2 3
- 1 1 4 1 6 2
- 2 3 2 3 4 3 2
- 4 7 5 1 2
- 4 1 4
- 3 1 6
- 3 6 2
- 3 5 2
- 2 4 1
- 2 5 1
- 2 2

Column clues (left to right):

Col	Clues (top→bottom)
1	35
2	22 9
3	8 2 3 1 1 5
4	7 1 1 3
5	7 1 1 1
6	7 1
7	8 6
8	11 2
9	11 1 6
10	1 1 3
11	10 1 1
12	10 2 1
13	1 1 1 1
14	10 2 1
15	10 1 1
16	8 1 2
17	7 1 2
18	1 2 1 1
19	10 1 1
20	1 5 2 3 2 1 2 1
21	4 3 1 1
22	5 3 3 1 1 1
23	5 2 3 2 1 1 2
24	7 3 2 1 1 1 2
25	7 1 2 2 1 1 2
26	8 1 7 1 1 1 2 1
27	1 2 1 2 1 1
28	8 1 2 1 1 2
29	9 1 1 1 2 7
30	9 1 1 2
31	10 4 5 1 2
32	11 8 2
33	10 22 2
34	1 10 3 28
35	2 4 28

B63 한국에서 가장 이쁜 사람이에요

난이도 ★★☆☆☆

35×35

열	세로 힌트
1	35
2	7 24
3	6 13
4	6 5
5	8 2
6	9 5 1
7	6 4 4 1
8	3 1 2
9	2 1
10	3 2 5 2
11	12 5 1
12	13 5 2
13	14 7 2
14	2 15 3 3
15	19 2
16	1 5 9 3
17	6 1 5 2 2
18	2 4 3 1 3 3
19	4 3 3 1 2 2 2
20	1 7 2 1 4
21	4 2 4 1 1 2 4
22	2 4 3 1 4 1 4 1
23	6 3 7 3 2 1
24	2 6 6 3 6 1
25	18 5 1 2
26	2 14 4 2 2 1
27	1 14 2 1 2 1
28	3 3 2 3 2 2 1 2
29	5 2 2 5 1 3
30	7 1 4 2 2 2
31	9 2 4 3 2
32	11 4 2 3 2
33	13 2 1 8
34	15 1 2 2 2
35	18 7

행	가로 힌트
1	8 3 9
2	8 1 2 2 2 8
3	8 13 8
4	7 2 1 3 1 2 7
5	7 1 1 1 1 1 7
6	7 5 1 4 6
7	2 2 15 6
8	1 3 17 5
9	1 2 6 3 1 4 5
10	2 1 7 5 4
11	2 2 6 3 7 4
12	2 1 6 2 2 4 3
13	2 1 5 2 3 3 3
14	2 1 7 1 3 2
15	2 2 7 4 5 2
16	3 1 7 2 6 1
17	3 1 10 6 3 3
18	3 11 11 3 1
19	3 9 7 1
20	4 1 5 3 4 5
21	5 2 1 1 1 4 2
22	8 1 2 2 1 2 1
23	4 5 2 4 4 2
24	4 3 1 8 4
25	3 3 6 2 2 1 1
26	3 3 2 3 2 4
27	3 3 1 3 7
28	3 3 2 1 3 3
29	2 1 2 2 1 2 1
30	2 1 1 9 1
31	2 2 2 3 2 2
32	2 1 2 2 2
33	2 2 1 1 3
34	1 2 2 1 6
35	1 2 1 5 2

35×35

B65 삑 36.5도 정상입니다

난이도 ★★☆☆☆

35×35

Column clues (left to right, top to bottom):

1. 5 4 5 2
2. 10 4 2
3. 2 7 7 2
4. 5 3 12 4
5. 8 2 1 1 1 1 1 5
6. 8 2 5 1 1 5
7. 6 1 2 3 1 1 6
8. 3 2 1 2 7 1 6
9. 2 3 3 2 1 1 1 1 2
10. 3 2 1 6 1 1 1 4
11. 1 2 3 1 3 1 1 3
12. 1 3 2 1 4 5
13. 2 2 2 1 2 3
14. 3 4 2 2
15. 8 7
16. 5 7 4
17. 3 3 5 7
18. 2 7 10
19. 15 11
20. 6 1 2 3 12
21. 4 4 2 5
22. 6 3 2 2
23. 7 1 1 4
24. 7 1 7
25. 7 1 2 4 3
26. 8 3 1 2 2
27. 8 3 1 1 2
28. 8 1 3 2 2
29. 8 1 2 4 2
30. 9 1 2 3
31. 12 2 2
32. 13 2 3
33. 10 5 3
34. 10 2 3 3
35. 11 5

Row clues (top to bottom):

1. 7 5 2 9
2. 10 6 14
3. 2 9 4 16
4. 7 4 2 17
5. 9 5 18
6. 3 7 3 3 14
7. 5 7 4 13
8. 8 5 3 10
9. 4 3 6
10. 3 10 4 4 5
11. 1 6 3 1 2 2 1 5
12. 2 2 3 1 2 2 2 2
13. 6 1 3 7 4 1
14. 2 3 1 3 2 5 1 1
15. 6 1 3 1 1 2
16. 2 1 1 1 3 1 2 3
17. 4 3 4 2 1 3
18. 3 2 3 1 3 1
19. 1 5 2 2 3 2
20. 1 1 2 2 3 3
21. 2 1 7 5 2
22. 1 3 1 2 1
23. 1 5 4 2
24. 1 1 6 3
25. 1 4 3 2 3
26. 1 4 3 4
27. 4 4 9
28. 1 4 6
29. 5 4
30. 5 1 4
31. 6 1 4
32. 9 5
33. 2 6 5
34. 1 4 5
35. 5

B66 흥! 미워!

난이도 ★★☆☆☆

35×35

Column clues (left to right, top to bottom):

Column	Clues
1	5 2 10
2	2 6 8
3	1 9 7
4	5 2 2 7 4
5	2 4 2 6 7
6	3 6
7	2 17
8	9 8 3
9	14 3 2 3
10	11 2 4
11	7 1 2 3 3
12	6 1 1 1 1 2 3
13	8 2 3 1 2
14	9 2 3 2 2
15	8 2 1 1 2 2
16	7 2 2 2 2 2
17	10 1 5 1 5
18	10 2 1 1 6
19	9 1 1 1
20	9 2 1 1 6
21	8 2 1 2 5
22	7 3 3 1 2 2
23	8 2 1 1 2 2
24	9 1 3 1 2
25	9 1 3 2 3
26	8 1 1 1 3
27	7 2 3 4
28	11 3 2 3
29	15 2 2 4
30	10 7
31	16
32	6 5 8
33	6 4
34	6
35	7

Row clues (top to bottom):

Row	Clues
1	1 3 1 12
2	2 4 17
3	4 1 21
4	1 4 21
5	5 23
6	2 1 23
7	5 25
8	4 5 3 5 9
9	2 4 3 4 3 4
10	3 4 2 5
11	3 8 1 5 5
12	1 4 5 4 5
13	4 2 2 5
14	1 1 4
15	1 1 6 7 1 2
16	1 1 1 2 2 1 2 1 1 1
17	1 3 1 4 1 1
18	7 1 5
19	7 1 2 1 5
20	9 3 8
21	10 1 6
22	8 2 6 2 6
23	8 1 2 2 1 1 3
24	4 1 2 3 1 1
25	2 1 3 3 1
26	1 1 3 2 2
27	1 2 3 2 2
28	2 5 2 2
29	2 3 1 1 3 2
30	2 9 9 2
31	2 10 9 2
32	2 1 1 1 2 1
33	1 2 1 1 1 1
34	1 1 1 1 1 1
35	1 1 1 1 1 1

35×35

세로 힌트 (열)

								1	3			8	3 3	3 1														2 1				

열 힌트:
- 2 1 4
- 1 4 2
- 2 4 3
- 4 2 3
- 1 2 6 2
- 2 3 1 2
- 3 1 2 5
- 1 3 2 2
- 8 3 1 2 11
- 3 3 1 4 2 3
- 3 1 1 2 2 13
- 2 7 2 3 16
- 4 4 2 3 4
- 9 2 2
- 2 2 4 1
- 2 2 9 2
- 2 1 3
- 2 2 6
- 2 2 2 12
- 2 2 2 4
- 2 2 6 5
- 6 5 4
- 2 1 5 7 8 3
- 5 8 3 19 3
- 8 2 4 2 1 1 16
- 1 2 4 5 5 15
- 1 2 4 3 3
- 2 1 5 17 3
- 1 3 13 4
- 3 3 12

가로 힌트 (행)

1. 1 2 2 1
2. 9 2 1
3. 1 8 3 3
4. 10 1 3 3
5. 1 2 1 5 3
6. 1 2 1 1 2 1 1
7. 1 7 1 2 1 1
8. 1 2 12 7 1
9. 1 2 1 10 2 2 1
10. 2 1 3 2 1 1 1
11. 1 5 1 3 1 1
12. 1 1 2 1 1 1 1
13. 1 1 2 1 2 2 1
14. 1 3 1 1 5 2
15. 1 2 2 2 4 1
16. 5 2 2 3 1
17. 2 2 2 1 2 2
18. 4 2 4 2 1 1
19. 3 2 3 3 1 2 2
20. 3 6 4 1 3 1
21. 1 1 1 1 2 2 1 1 2 1
22. 3 1 3 2 1 1 1 2 1
23. 1 2 1 2 3 1 1 2 1
24. 3 3 1 3 2 1 2 1
25. 2 2 1 5 1 1 2 1
26. 3 1 2 2 1 1 2 1
27. 8 2 1 1 1 2 1
28. 4 1 2 1 1 2 1
29. 1 2 1 1 2 1
30. 1 2 1 1 2 1
31. 1 2 1 2 1 1 2 1
32. 1 2 7 2 1
33. 4 8 4
34. 4 8 4
35. 4 7 4

B68 + B69   빨간 천을 보고 달려들어요

35×35

Row clues (left to right):

- 16
- 10 3
- 7 4
- 5 4
- 4 5 15
- 2 3 13
- 3 2 2
- 2 3 2
- 1 4 2
- 1 4 2
- 7 1
- 2 2 2
- 1 1 2 2 2 1
- 2 1 8 3 1
- 2 3 2 5 1 5
- 2 2 3 4 4 2 2
- 3 3 11 7
- 2 5 5 4 5
- 2 3 7 4 2
- 5 7 3 3
- 3 7 2 2
- 4 7 1 1
- 6 2 3 1 3
- 3 3 2 3 2 2
- 4 3 2 1 1 2 3
- 7 3 1 3 3 2
- 3 1 3 2 2 3 2
- 2 1 3 5 2 2
- 1 4 1 3
- 1 4 13
- 9 12 2
- 6 18 1
- 1 26
- 2 25
- 30

35×35 노노그램

열 단서 (위에서 아래로, 각 단의 숫자)

아래쪽 세 단 (35열):

1	2	3	4	5	6	7	8	9	10	11	12	13	14	15	16	17	18	19	20	21	22	23	24	25	26	27	28	29	30	31	32	33	34	35
5	2	3	2	1	2	1	5	2	5	4	4	3	4	3	3	5	6	6	6	6	6	2	4	5	2	5	2	2	3	3	7	2	4	2
5	4	3	4	3	5	7	2	1	4	4	3	3	1	4	6	2	2	2	2	5	8	10	9	4	9	7	3	12	10	4	3	18	8	3

행 단서 (왼쪽에서 오른쪽으로)

1. 7
2. 9
3. 1 10
4. 7 6 4
5. 8 7 3 3
6. 3 7 7 4 2 2
7. 3 7 5 3 2 1 4
8. 3 7 3 2 3 1 1 4
9. 3 8 4 4 2 2 4
10. 4 6 9 2
11. 4 7 4 1
12. 3 1 2 1 1 5
13. 3 1 1 2 2 4
14. 5 2 1 1 2 1
15. 2 1 4 4 1
16. 2 1 1 1 2 1
17. 4 1 2 1 3 1
18. 1 4 2 3 9 2
19. 1 3 8 2 3 3
20. 2 4 5 2 4
21. 2 4 3 9
22. 1 5 6 5 1
23. 2 6 3 2 1
24. 1 6 4 2 2 1
25. 1 7 3 2 3 1
26. 3 7 3 2 4 1
27. 9 3 2 2 2 1
28. 8 3 3 2 2 1
29. 5 3 3 2 2 1
30. 2 3 3 3 2 2 1
31. 1 4 3 3 2 2 1
32. 2 4 3 3 2 3 1
33. 6 2 2 3 2 3 1
34. 11 2 3 1
35. 3 4 2 3 1

35×35 네모로직 (Nonogram)

가로 힌트 (행, 위에서 아래로):

- 18
- 2 19
- 2 14
- 1 12
- 1 16
- 1 5 9
- 1 3 9
- 5 7 9
- 3 11 9
- 2 13 8
- 2 14 9
- 2 4 9 8
- 2 2 17
- 1 2 2 2 9 6
- 4 2 2 7 1 6
- 2 1 5 2 5
- 2 4 5 1 5
- 2 2 6 1 5
- 2 7 1 5
- 14 1 1 3
- 8 5 1 1 3
- 3 2 2 2 2 2 2
- 1 3 2 1 1 2
- 3 1 3 1 1
- 3 2 2 2 1
- 5 2 2 1 1
- 2 3 2 3 2 3
- 3 4 1 7 2
- 2 3 2 2 2 5
- 2 3 1 3 2 2
- 6 1 6
- 4 1 2
- 4 6 11
- 13 10
- 13 9

세로 힌트 (열, 왼쪽에서 오른쪽으로, 위에서 아래로 읽음):

										3	3																							
			2					2	3	2	1	3	5																					
		2	1	2	2	2	2	1	1	4	4	4	1	5	5		4																	
		1	1	2	2	1	2	4	4	4	2	5	2	5	5	8	4	5	6	7	7	9			9			11						
	3	1	4	2	2	3	1	5	2	3	2	2	1	2	6	3	15	14	12	11	11	3	11	13	7	10	10	15	4	11	11			
2	1	8	4	6	2	2	3	3	10	6	3	2	2	3	5	3	2	2	1	2	1	2	6	7	1	2	1	1	2	6	2	11		
3	3	3	3	2	2	2	2	3	3	3	5	1	2	3	2	1	2	1	1	1	3	6	2	3	3	3	3	3	3	3	3			

B71 영장류 중 가장 커요

35×35 네모로직 (Nonogram)

세로 열 힌트 (상단, 왼쪽→오른쪽, 위→아래 순으로 인쇄된 행):

```
2
2 2 1 1   1   1
3   2 1 1 1 2 1 1 1                                        4
3 3 1 2 1 1 3 2 1 1 2                    4 4     1     3 6
4 3 2 3 4 1 1 1 2 1 1 2 2 2 2 3   5   6   2 3 4 3 5 3 1 3 3 5
3 2 2 5 1 1 1 1 1 2 1 2 5 6 4   1 7 5 4 4 4 3 4 3 4 5 4 2 2 3
9 9 4 4 3 8 1 7 1 2 1 1 7 3 3 2 4 10 7 6 1 5 1 1 7 3 2 3 2 2 2 6 4 10 4
7 3 2 1 1 5 12 3 11 4 3 4 6 5 1 1 2 6 1 3 1 1 2 1 1 3 2 4 1 1 1 1 3 13 3
8 4 2 1 1 3 2 1 4 3 3 3 3 6 2 2 1 1 1 1 2 4 2 3 1 4 1 1 1 1 1 2 13 3 9
```

가로 행 힌트 (왼쪽):

#	힌트
1	2 10 4 1
2	3 3 5 5 3 2
3	3 2 4 10 2
4	3 1 4 6 2 2
5	1 3 5 4 3 3
6	2 1 4 2 4 6
7	2 3 2 4 5 3
8	2 3 5 2 1 2 6 2
9	1 3 3 2 1 3 5 4
10	2 2 2 3 1 3 4 4
11	1 1 1 3 2 3 1 4
12	2 2 3 3
13	8 1 4 1
14	2 2 9
15	4 3 2 9
16	2 6 3 3 2
17	2 2 3 1
18	2 5 4 2
19	2 2 2 1 1
20	2 2 2 1 1 1
21	2 3 1 1 2 1 1
22	2 2 1 1 2 2 1
23	3 4 2 3 2 2
24	2 6 1 6 3
25	1 8 3 1 3
26	2 8 3 1 4
27	1 4 3 3 4 5
28	2 4 1 6 2 4
29	1 4 1 2 2 4
30	1 3 2 2 2 3
31	1 6 1 4 1 1 1
32	3 3 4 3 8 1
33	2 2 7 2 1 5 3
34	3 2 8 4 1 4
35	35

35×35

Row clues (left):
- 7
- 2 10
- 6 6 1
- 1 5 5 1
- 1 4 4 8
- 6 5 10
- 6 5 2 5
- 1 2 6 7 3
- 3 6 2 1 1 3 2
- 11 2 3 2 2 4
- 11 2 2 3 2 1 2
- 10 2 3 3 2
- 9 2 4 5 1
- 6 12 5 2 1
- 2 4 7 3 1
- 24 3 1
- 2 2 16 3 1
- 1 3 11 4 1
- 1 4 5 2 2
- 2 2 14 4 1
- 1 4 5 1
- 1 5 11 4 2
- 2 5 7 7 2 3
- 3 3 3 2 3 3 4
- 4 3 1 1 3 4
- 5 3 1 3 2 1
- 5 2 1 3 1 2 1
- 1 2 2 2 4 4 2 3 1
- 1 4 2 1 1 1 1 2 6
- 2 4 3 1 1 3 5
- 3 4 3 9 3
- 3 2 3 3 2 5
- 4 4 3 2 1
- 1 3 1 4 2 2
- 5 4 9

35×35 네모로직 (nonogram)

가로(행) 힌트:

- 35
- 8 2 2 20
- 2 2 1 1 1 1 4 3 2
- 1 1 1 6
- 10 8
- 2 1 2 3 6
- 3 4 2 2 4
- 5 2 1 1 3 1 3
- 1 1 1 2 2 1 2
- 6 3 4 1 3 2
- 1 2 4 1 1 6 1 2
- 9 1 2 1 8
- 1 4 7 1 1 2 1
- 2 2 6 3
- 5 3 6 2 1
- 2 6 4 2 2
- 2 1 3 2 2
- 1 2 2 11
- 2 1 3 1 2
- 1 3 1 3 1 1
- 1 5 4 3 10
- 1 2 2 3 1 1
- 2 1 1 2 1 1 1
- 3 1 1 2 1 1 1
- 1 3 1 3 1 7
- 4 11 5 2 2 1
- 4 1 7 1 3
- 1 1 14
- 2 3 7
- 22
- 3 5 9
- 3 5 10
- 26
- 4 5 12
- 4 5 13

35×35

Row clues (top to bottom):

- 8
- 3 6
- 2 8
- 2 10
- 1 11 3
- 1 2 2 3 2 2
- 1 6 2 1 1 1 2
- 5 1 1 1 1 3 3
- 2 1 2 1 2 1 1 1
- 2 4 1 1 1 3
- 2 3 1 4 2 1
- 6 2 5 4 1
- 3 5 4 1 1
- 3 12 2 5
- 2 3 2 2 2 6
- 2 2 2 2 3 7
- 1 4 3 2 3 1
- 1 4 1 3 4 5 2 1
- 5 1 3 1 6 2 1
- 5 7 1 1
- 5 2 2 6 2 2 1
- 5 1 1 6 2 2 1
- 6 1 1 15
- 8 1 8 4
- 21 5
- 1 4 15 5
- 3 14 6
- 7 11 1 6
- 7 1 5 2 7
- 7 1 1 2 1 2 7
- 7 2 1 2 5 8
- 6 2 2 1 5 8
- 6 3 1 2 5 9
- 6 8 6 9
- 7 7 4 10

난이도 ★★½☆☆

																			3															
					1									2				2	2	1			2											
					2						2	2		3	1	1		2	1	1		1	2		3					10				
				2	2	3	3		1	3	3	2	1	2	3	2	1	2	1	3	1	1	3	2	1	4	8			4	11			
1	3			1	1	1	4	4	1	2	1	2	8	2	1	3	3	2	2	3	2	5	3	1	7	1	2	11	10	2	2	13	14	
1	3	3	6	2	2	2	2	2	1	2	1	2	1	3	1	4	2	14	4	5	3	2	4	13	2	5	3	4	5	2	1	3	3	13
3	2	2	3	5	3	3	1	6	3	3	3	3	3	3	15	5	2	1	1	1	2	4	5	5	7	8	9	6	5	4	1	3	1	5
15	13	15	15	13	11	9	8	6	5	3	2	1	2	3	2	3	12	2	2	2	11	2	1	3	1	1	2	6	6	1	2	7	8	8

35×35

21							
3	2	12					
2	3	10					
2	3	9					
3	1	4	2	8			
2	1	2	8	1	8		
1	2	1	3	7	9		
2	3	1	3	5	8		
1	1	1	2	4	2	4	7
2	1	3	2	1	1	2	7
2	1	4	2	1	2	2	4
2	2	2	4	5	3		
3	2	3	5	3			
4	1	2	10	1			
5	2	7	7				
6	3	6	8				
1	3	3	1	2	3		
2	5	5	1	2	3		
2	6	2	1	2	2		
1	1	1	2	2			
1	2	2	8	1	3	5	
1	2	2	8	1	5	2	
16	1	4	1				
5	4	8	1	1			
6	19	1					
6	17	2					
7	16						
8	13	2					
8	1	2	1	3	3		
9	1	2	2	3	3		
10	8	3	3				
10	1	1	7	3			
11	2	1	4	3			
12	7	2	4				
13	7	5					

B76 수증기를 이용해 커피를 추출해요

난이도 ★★☆☆☆

35×35

가로(행) 힌트

#	힌트
1	5
2	5
3	5
4	3
5	9
6	3 3 3
7	2 9
8	25
9	2 3 1 1 5
10	2 3 1 1 6
11	2 2 3 1 1 4 3
12	3 1 3 1 1 4 3
13	1 1 5 1 1 3 3
14	2 2 4 1 1 1 2
15	3 3 3 1 1 1 3
16	3 2 3 1 1 1 4
17	2 3 3 1 1 2 4
18	2 2 13 2
19	1 2 12
20	8 2 2
21	2 1 3 2 1
22	2 6 4 12
23	12 2 9 1
24	1 8 2 1 1 1 1
25	1 6 2 1 1 1 2
26	1 1 2 1 1 1 2
27	2 4 2 2 1 1
28	2 4 1 1 1 2 3
29	3 5 1 1 2 1 2
30	1 8 3 1 1 6
31	5 1 2 3 2
32	3 18 1 1
33	26 3 4
34	25 1 1 2
35	23 4

세로(열) 힌트 (위→아래, 블록별로 구분)

행	1–5열	6–10열	11–15열	16–20열	21–25열	26–30열	31–35열
A	2	2		3	3	2	
B	4 2 5	3 5 3	1	1 1	5 5 1 1	3 2 2 4	9
C	2 1 7 1	4 1 2	4 1 2	2 1 1 5	1 1 1 1 2	1 4 7 3 2	7 5 12 1 7
D	3 2 4 4	4 7 4 4 2	3 3 1 11 13	1 1 2 2 12	2 2 2 2 12	1 4 6 3 1	3 4 2 2 1
E	9 3 2 1 1	1 1 1 1 2	3 9 2 2 4	15 6 6 2 2	2 2 6 2 2	5 3 1 1 2	1 2 1 1 2
F	4 4 4 3 3	3 3 3 3 4	4 4 9 10 6	5 9 4 4 4	4 4 8 3 3	2 1 1 3 2	2 2 2 2 2

다정하고 금실이 좋아요   난이도 ★★☆☆☆

35×35

세로(열) 힌트 — 위에서 아래로

열	힌트(위→아래)
1	13 3
2	25
3	3 3 8 8 3
4	3 3 2 2 6
5	2 1 1 1
6	2 4 2 5
7	1 4 3 3
8	2 2 3 2
9	1 2 3 4
10	2 2 2
11	1 2 2 1 5
12	1 2 3 2
13	1 3 9 4
14	7 2 5
15	10 18 5
16	5 5 5
17	7 4 4
18	1 7 2 6 5 1 9 2
19	1 2 3 1 4 4
20	1 2 2 1 3
21	1 2 2 1 4
22	2 1 1 3 3
23	2 1 3 6 4
24	2 2 4 4 3
25	2 2 4 1
26	2 3 3 2
27	2 2 3 3 2
28	1 2 3 3 4
29	3 4 3
30	2 1 1 2 2 5
31	1 1 1 1 3 3
32	1 2 1 2 3 11 6
33	1 11 5
34	11 5 6
35	5 5 3 16

가로(행) 힌트 — 왼쪽에서 오른쪽으로

행	힌트
1	7
2	3 2
3	2 2 1 8
4	2 2 4 2 6
5	1 6 2 2
6	2 10 2 5
7	2 10 2 3
8	2 4 6 6
9	2 1 5 2 2
10	4 2 1 2 1
11	5 3 1 2
12	6 6 2 3
13	3 9 3 1 4
14	3 5 3 1 6
15	2 2 3 7
16	2 3 4 3 4
17	2 3 1 8 4
18	2 3 1 5 4
19	2 3 1 3
20	2 3 1 3
21	2 4 1 3
22	3 3 1 2
23	5 4 2 1
24	4 1 1 2 1 1
25	3 8 1 4 3 1
26	3 8 6 3 2 3
27	3 8 6 1 7 1 2
28	5 10 9 1 2
29	2 1 3 3 9 3
30	1 1 1 2 2 2 3 4
31	1 1 2 1 7 2 1 1 3
32	1 1 1 2 7 2 2 3 1 2
33	3 3 5 5 7
34	2 2 3 5 5
35	5 1 3 4

B78　비행기를 운전해요

난이도 ★★☆☆☆

35×35

열 단서 (위, 왼쪽→오른쪽, 5칸마다 구분)

행	c1–5	c6–10	c11–15	c16–20	c21–25	c26–30	c31–35
1				2 2 2 (c18–20)	2 1 (c25)	1 (c28)	
2		1 3 (c8–9)		7 6 1 3	5 3 3	1 1 2	
3		2 1 1	4 3 2 1 4	3 8 2 2 1	3 5 3 9 8	8 6 5 3	
4	2 6	1 2 1	2 1 1 2 7	2 3 3 3 3	4 2 5 3 4	6 2 3 1 4	3 3 1
5	2 1 1 5	7 3 2 1	2 1 2 3	4 2 3 2 2	2 2 5 2 2	3 5 1 1 2	2 4 6 10
6	5 4 6 2 1	11 8 9 3 2	1 1 1 1 2	1 6 8 9 10	11 12 13 13 12	10 9 6 4 2	3 4 5 7 18

행 단서 (왼쪽, 위→아래)

#	단서
1	11
2	6 4
3	2 2 3
4	1 3 5
5	2 13
6	3 5 3 7
7	2 1 2 2 2 6
8	1 2 2 1 6
9	1 1 3 3 2 3
10	5 2 2 2
11	1 2 2 7
12	1 16 3
13	2 2 11 1 2
14	1 6 2 2 2
15	2 1 1 1 3
16	3 2 1 2 2 3
17	5 2 1 1 4
18	2 1 1 9
19	4 5 1 3 6
20	1 1 3 16 4
21	1 1 3 13 2
22	1 1 3 1
23	2 5 7 1
24	7 11 2
25	1 4 11 5
26	7 12 6
27	1 5 20
28	1 4 11 4
29	1 1 3 13 3
30	1 1 6 11 2
31	2 1 10
32	3 10
33	9
34	9
35	8

C79 깔끔하게 발라먹어요

난이도 ★★☆☆☆ (2.5)

30×40

Column clues (top to bottom)

Column	Clues
1	2 35
2	3 16 5
3	3 12 3 2
4	3 8 1 2
5	3 5 1 2 2
6	1 4 3 1 4 1
7	2 5 2 2 1
8	3 5 1 1 2
9	4 1 3 1 1
10	8 2 1 2 1
11	5 2 1 1 1 2
12	5 4 1 1 1 2 1 1
13	4 8 1 2 1 2 2 2 2
14	3 5 3 2 2 2 2 7
15	7 3 2 2 2 2 3 2
16	5 3 2 2 2 2 2 5
17	3 3 2 2 2 2 5 3
18	2 5 3 2 5 3
19	7 3 3 5 1 6
20	4 3 6 6 3
21	5 5 6 3
22	4 2 5 3 3
23	2 2 7 2 3 2 1
24	1 4 3 2 2 3 1 2
25	2 4 2 2 2 2 2 4
26	3 2 1 2 2 2 5
27	5 2 2 2 1 8
28	7 2 2 1 12
29	12 1 16
30	40

Row clues (left to right)

Row	Clues
1	2 13 9
2	3 13 3 6
3	3 10 1 2 5
4	4 5 2 4 4
5	4 3 2 3 4
6	1 4 1 2 3 2 3
7	3 6 2 2 4 3
8	4 2 2 2 1 4 2
9	9 2 2 2
10	6 3 2 2
11	6 2 2 1 2
12	5 2 3 3
13	5 7 2 1
14	4 4 4 3 1
15	4 2 8 1
16	3 9 1
17	3 5 1 4 1
18	3 3 3 1 4 1
19	2 6 4
20	2 5 4 1
21	2 6 1 6 1
22	2 4 4 3 1
23	1 8 1
24	1 6 1 4 1
25	1 5 1 1 3 2
26	1 5 2
27	1 3 4 2
28	1 6 1 3 2
29	1 5 3 3 3
30	1 2 2 2 3
31	1 2 8 4 3
32	1 1 3 8 3 3
33	1 2 4 2 3 3 4
34	1 2 5 4 4
35	1 2 4 2 4
36	2 3 3 2 5
37	2 2 2 2 1 6
38	2 1 3 2 6
39	3 1 4 1 7
40	3 4 8

C80 벨기에의 국가 스포츠에요

30×40

Column clues (top header, read per row, left to right):

																											1		
5	5				5					5	5	5	5				5						4		7	5			
2	2	5		3		5		5	4	4	5	6			5	7	5				4	1	3	1	2				
2	2	2	5	2	5	5	3	5	4	7	3	1	2	1	5	5	8	2	7		5	4	1	1	3	1	1	5	
3	3	2	3	3	5	4	8	2	3	4	5	3	4	8	7	6	2	4	3	5	3	2	3	1	4	4	2	2	4
1	1	3	2	3	8	8	3	1	3	2	2	2	3	2	6	4	4	1	1	4	4	5	1	1	4	1	7	2	4
2	3	1	3	1	4	5	1	3	1	3	3	4	5	3	2	3	3	2	2	3	1	2	1	1	2	1	3	8	2
3	3	7	9	3	2	1	1	6	2	2	2	2	3	2	3	6	2	1	2	6	5	2	3	5	6	5	4	3	2

Row clues (left side, top to bottom):

- 27 2
- 26 3
- 26 3
- 25 4
- 22 4
- 6
- 6 2 2
- 9 1 2
- 9 3 3
- 11 5 1
- 4 3 7 3 1 1
- 5 2 9 3 1
- 3 2 1 9 1
- 3 2 5 2
- 3 1 2 2
- 9 3 1 2 3
- 10 6 2
- 1 3 1
- 10 3 2
- 8 3 1
- 8 3 1
- 3 5 2
- 3 4 1 1
- 3 3 1 1 1
- 3 2 1 2 1
- 3 3 2 3 1
- 3 1 1 2 3
- 3 2 2 1 4 2
- 3 2 7 1
- 3 2 2 1
- 3 3 2 1
- 9 2 2
- 4 1 2 2
- 4 1 9 5
- 6 18 2
- 3 13 8 1
- 1 3 1 2 5
- 5 3 1 2 5
- 5 5 2 3 5
- 3 1 2 4 4

C81 숨을 편히 쉴 수 있도록 도와줘요

난이도 ★★☆☆☆ (2.5)

30×40

Column clues (top to bottom)

Col	Clues
1	6 18 5
2	4 22 5
3	3 12 9 5
4	2 12 3 8 3
5	2 12 2 2 7 4
6	1 14 5 6 3
7	1 15 1 1 7 2
8	10 2 2 7 2
9	7 3 2 7
10	7 1 3 3 6
11	6 2 1 3 3 2
12	5 1 1 2 2 2
13	5 2 1 3 3 1 1
14	5 2 1 3 3 2 2
15	4 1 2 9 2 2
16	4 1 2 4 3 2 2
17	4 2 2 2 2
18	3 2 1 2 1
19	3 1 4 1
20	4 1 2 3 2
21	1 3 1 2 5 6
22	1 4 1 1 7 5
23	2 6 2 3 3 6
24	2 6 3 2 5 3 2
25	3 5 2 2 2 5 3
26	4 7 3 3 2
27	8 6 2 6
28	10 6 6
29	11 3 9
30	11 4 7

Row clues (left to right)

Row	Clues
1	7 8 10
2	5 13 8
3	3 17 6
4	2 21 5
5	1 12 5 4
6	1 9 4 4
7	9 3 4
8	8 4 6 4
9	8 4 4 3
10	8 2 2 3
11	8 2 1 1 1 2
12	7 6 5 2
13	7 3 5
14	11 2 3
15	14 2 2
16	3 2 8 1
17	2 2 2 4 3 2
18	2 3 1 2 5 1
19	2 1 2 1 3 1 1
20	3 2 1 2 5
21	3 2 1 2 2 2
22	4 2 3 4 2
23	5 7 5 2
24	16 5 2
25	11 2 3 1
26	8 3 5 1
27	7 4 7 2
28	8 11 2
29	7 7 4
30	4 9
31	2 6 2
32	2 8 2
33	9 1
34	8 2
35	6 2
36	6 2
37	5 2
38	3 2
39	3 1
40	2 1

30×40

Column clues (top):

										2						8	3												
						1		2	4				3	1	2	6													
			3	1	2	1	1	1	2		2	3	1	1	1	1	3	8		3									
		1	1	7	2	2	2	1	2		2	1	1	2	1	1	2	2		3									
5		4	4	1	3	2	3	3	2	3	3	1	1	4	2	2	1	2	3	2	2	12	4						5
3	5	8	3	2	5	3	3	3	2	2	2	2	1	2	2	2	2	5	2	2	2	4	1	17	2		17	3
10	1	6	1	4	2	2	1	1	2	3	1	1	1	2	1	2	2	2	2	6	4	3	2	2	3	11	21	1	9
1	1	1	1	1	1	1	1	3	6	2	1	2	16	15	2	1	1	1	1	1	2	2	2	2	2	3	3	2	2

Row clues (left):

- 6 2
- 3 1 2
- 3 4 1 1 2
- 4 3 1 3 3
- 7 1 2 3 3
- 3 2 2 2 1 1 2
- 2 2 1 3 7
- 1 1 1 2 1 7
- 2 2 2 1 4 2
- 1 1 3 1 2 1 2
- 2 2 1 3 2 1 2
- 1 1 9 1 3
- 1 2 4 3 1 3
- 1 1 3 8 3
- 1 2 1 2 3 2
- 1 1 1 1 2 6
- 2 1 1 2 3 2 6
- 2 1 3 2 2 2 3 1
- 4 3 2 2 1 3 1
- 1 2 1 11 3 1
- 1 3 5 3 2 1
- 1 3 2 1
- 1 1 3 3 3 4 2 1
- 13 3 7 4
- 3 3 1 3
- 4 4 2
- 2 3 1
- 2 3
- 2 3
- 2 4
- 2 6
- 6
- 4
- 4
- 6
- 3 2 4
- 30
- 2 2 7
- 2 4
- 7

이랴~ 이랴~

난이도 ★★☆☆☆

40×30

C84 집게발이 커다래요

난이도 ★★★☆☆

40×30

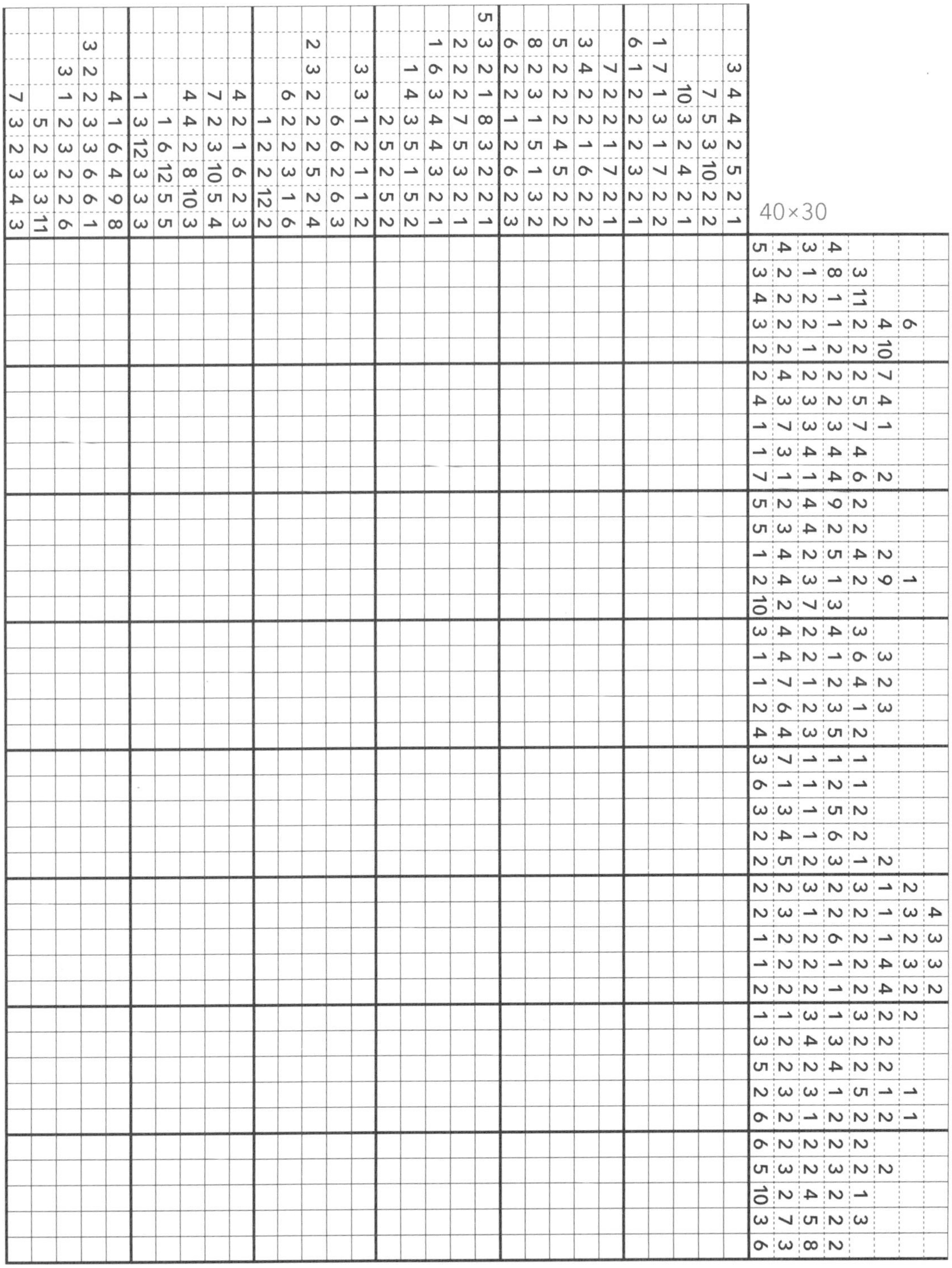

난이도 ★★★☆☆

40×30

난이도 ★★★☆☆

40×30

40×30

40×30

(노노그램 퍼즐 그리드 — 40열 × 30행)

40×30

C90 불빛이 아름다워요

난이도 ★★★★☆

40×30

Column clues (left to right, top to bottom):

Column	Clues
1	3 7 11 7
2	3 3 2 3 3 3 1
3	3 2 2 1 3 3
4	3 2 2 1 7
5	2 2 2 2 9
6	4 1 1 5 8 1
7	3 2 2 1 1 8
8	1 3 2 2 1 1 2 5
9	1 2 5 4 1 1 1 1 2
10	1 2 2 4 3 1 1 1 1 1
11	2 3 2 2 4 2 2 2
12	1 4 3 1 2 4
13	2 6 1 9
14	2 3 2 1 1 2 4
15	4 4 8 2 2 2
16	2 1 2 2 2 3 2
17	3 3 1 1 1 2 3
18	1 8 3 1 1 6 4
19	1 6 1 1 2 2 2 6
20	2 4 1 2 5 2 2 3
21	3 3 1 2 3 1 4 3
22	4 4 3 2 2 2 3
23	2 3 3 3 3 4 2 1 2
24	2 3 3 3 2 2 4 3 1 2
25	2 2 5 1 2 2 4
26	3 3 5 6 4 7
27	4 2 7 1 5 8
28	2 2 2 5 1 13
29	1 3 5 4 3 11
30	2 25 8

Row clues (top to bottom):

Row	Clues
1	4 14
2	3 1 9 1
3	4 2 2 2 2
4	8 2 2 2 2 1
5	12 2 3 1 3
6	8 7 2 2
7	2 5 5 1 2
8	2 3 6 2 1
9	2 2 2 1 2 1
10	2 2 1 2 1 1
11	2 3 5 2 1
12	2 2 3 2 1 2
13	1 3 1 2 3
14	1 3 1 1 2 3
15	1 3 2 2 2 2 2
16	1 2 1 3 6 2
17	2 2 5 5 1
18	2 2 2 2 3 1
19	2 6 1 4
20	2 2 1 2 5
21	1 3 1 7 7
22	2 3 1 2 4 2 2
23	5 3 1 1 3 3 1
24	2 2 1 1 1 2 3 1
25	1 1 2 1 1 1 2 2
26	1 1 1 1 2 2 3
27	1 6 1 4 6 2
28	2 2 4 9 1
29	5 4 2 2 4
30	10 2 2 3 4
31	1 4 1 1 2 4
32	3 4 4 2 3
33	5 2 2 2 2 2 4
34	1 5 1 1 1 1 2 5
35	7 1 1 2 1 5
36	3 4 2 2 1 5
37	2 6 2 3 8
38	1 2 7 6
39	1 5 13
40	2 4 1 3 8

40×40 네모로직 (Nonogram)

행 힌트 (좌측):

행	힌트
1	4 6
2	14
3	13 2
4	14 1
5	4 2 2 1 1
6	2 1 1 1
7	2 1
8	6 1 1 3
9	5 2 3 5
10	2 1 2 1 1
11	1 2 1 4 1 1
12	1 10 1 2 3 2
13	1 1 10 7
14	1 1 10 1 1
15	5 11 2
16	2 1 2 5 3 2
17	1 1 1 2 4 2
18	2 2 4 1 4
19	3 9 6
20	1 2 8
21	2 14
22	6 12
23	7 10
24	9 3 9
25	4 1 3 1
26	5 1 4 2
27	6 2 1 2 1
28	12 7 7
29	14 8 7
30	5 3 2 1 1
31	6 4 2 1 1
32	7 2 1 2 1 1
33	9 2 11 7
34	9 1 24
35	3 1 5 1 2
36	3 1 2 1 3
37	3 1 1 1 2
38	9 30
39	40
40	3

C92 + C93 사람을 위해 많은 것을 내어줘요

40×40

2 4 3 3	2 2 2 4 2 1 6	2 3 4 4 4 5	2 1 3 6 4 3	2 5 8 4 1	2 2 2 7 4 1	2 1 2 6 3 5 1	2 2 2 2 3 3 5 3	2 1 2 3 1 2 5 5	2 1 2 4 2 2 5 5
2 1 2 1 6 2 5 2 3	2 1 2 1 2 3 15	2 1 3 2 1 2 2 7 1	2 2 2 3 2 4 7 1	2 4 2 6 3 8 1	2 1 14 12 1	2 3 11 4 1 9 1	2 16 2 1 3 3	1 15 2 1 5	2 11 3 12
1 9 4 1 3 6	1 7 4 1 1 1 2 6	1 3 3 4 1 2 5	2 3 1 2 4 5	1 2 3 5 2 1 5	1 4 3 3 4 5	1 5 3 1 2 5	5 4 3 4 2 6	5 3 3 3 1 3 6	10 3 4 9
10 3 2 1 4 1	16 2 3 1	16 2 4 1	16 2 3 7	16 5 3	15 4 2	13 3 4 2	11 3 11 3	10 5 1 5	7 6 1 2

19 14
18 5 13
2 13
7 2 13
3 2 3 13
2 1 5 11
1 3 6 12
1 15 12
9 6 11
5 10 10
2 16 1 8
9 2 7 4 7
4 2 7 5 7
4 2 7 5 6
4 1 6 3 6 1
6 2 6 2 4 2
18 4 3
5 2 4 8 3
3 2 4 1 6 3
1 1 1 2 1 5 2
2 1 2 1 2 3
1 2 4 1 3
1 1 4 2 1 3
2 2 2 7 1 3
1 2 2 4 1 2 6
1 4 2 5 1 1 1 5
2 2 2 4 3 3 1
1 9 2 1 1 3 1
1 10 5 3 1 1
17 1 1 1 2
16 11 2 2
15 6 6 1 2
17 3 1 1 3 1 2
1 9 3 2 1 1
2 2 7 4 1 2
11 15 2 1
3 3 1 2 16 3
4 5 2 11 6
3 4 1 11 4
3 10 9

난이도 ★★☆☆☆ (2.5)

40×40

Column clues (top to bottom):

Column	Clues
1	9 7 2 1
2	9 7 2 1
3	10 6 5 1
4	11 8 8 1
5	11 8 11 1
6	4 6 7 8 8
7	1 5 6 6 4
8	1 3 3 6 4 3
9	1 4 4 3
10	4 2 5 3
11	4 1 6 6
12	3 2 4 4 4
13	3 1 6 2 3 1
14	3 10 2 2 1
15	7 6 1 2 5 1
16	1 4 3 1 1 2 4 1
17	2 2 1 1 2 3 3 1
18	2 1 4 2 2 3 4 5
19	1 1 4 1 1 2 5 2 3
20	3 1 1 2 3 2 4 2
21	1 1 2 2 1 2 1 3
22	3 2 2 1 2 4 3
23	4 1 2 2 4 6
24	5 1 2 2 3 2 4
25	1 8 1 2 3 1 5 1
26	2 8 1 2 2 2 1
27	2 4 1 2 1 1 10
28	1 5 1 2 2 11
29	5 6 1 2 2 11
30	2 2 6 3 10
31	3 1 3 2 3 3 1
32	3 2 3 7 3 1
33	5 15 10
34	1 3 16 11
35	1 2 15 11
36	2 2 14 10
37	7 3 3 3 1
38	6 14 3 1
39	5 15 10
40	5 15 11

Row clues (left to right):

Row	Clues
1	8 3 3 7
2	6 4 1 2 2 1 3 5
3	6 8 3 3 7 4
4	6 9 5 8 4
5	5 2 7 8 2 5
6	7 2 3 7 2 3
7	8 3 3 10 2 1 2
8	8 3 6 4 3
9	8 1 2 2 1 4 3
10	7 1 4 4 12
11	4 2 2 2 12
12	3 2 2 12
13	5 4 1 4 3
14	2 6 4 5 4 1 4 3
15	9 6 3 5 4 3
16	9 3 3 2 6 3
17	9 2 2 2 5 3
18	8 1 1 5 3
19	6 1 3 2 9
20	5 2 4 4 10
21	2 9 11
22	3 2 6 7
23	4 1 5 5
24	4 2 10
25	8 9 2
26	8 6 1 2
27	5 1 1 2 1
28	5 1 1 1 1
29	4 1 2 1 4 1
30	3 1 1 8 2 2 1
31	1 2 1 2 2 4 4 2
32	2 1 2 4 4 4 2
33	1 1 1 1 14
34	1 1 2 1 14
35	1 2 1 2 14
36	1 1 1 1 4 4 2
37	7 8 8 4 2
38	7 2 4 14
39	7 6 4 4 2
40	6 6 4 4 2

C94 망원경으로 관찰해요

난이도 ★★★☆☆

40×40

가로(행) 힌트

- 2 6 13 16
- 2 5 10 7 10
- 1 4 6 22
- 2 31 4
- 2 2 20 5 3
- 8 2 6 7 2
- 6 6 3 1
- 5 4 3
- 4 1 8
- 4 4 10
- 4 6 11
- 4 3 2 12
- 4 2 4 13
- 1 3 2 2 2 3 2 6
- 6 2 2 2 3 1 5
- 4 3 1 1 2 2 3 2
- 2 3 2 2 2 3
- 3 2 2 1 4
- 5 2 2 5 2
- 4 2 6 2
- 4 2 4 2
- 4 3 4 8
- 9 6 1 2 4
- 3 4 2 4 1 4
- 1 1 1 6 4
- 7 2 2 2 4
- 1 5 3 5 5
- 2 2 6 4 1 6
- 4 1 2 3 2 6
- 5 1 3 4 2 7
- 7 2 2 3 2 8
- 8 1 2 4 3 9
- 10 2 3 12
- 10 4 4 7 1
- 9 6 3 6 1
- 9 8 4 1 1
- 9 22 1
- 1 2 4 1 2
- 2 3 4 1 2
- 1 2 4 1 3

세로(열) 힌트

```
                              5
          1     6 7 2         2                  1         6 7       6
          3 5   3 2 2  11 5       7     6 3 5 5   2   3 6 4 7 1 4 5 5
 2 2      2 4 6     1 2 4 3 4 7 2 2 3 8 2 6 2 2 2 2 1 8 3 2 1 1 1 9 4 3 7     3
 5 10 1 2 6 2 1 6 3 5 2 1 2 2 5 4 4 2 2 2 2 1 2 2 3 2 7 6 1 7 2 1 2 8 7 2 4 2 6 2   5
 8 3 11 13 2 2 7 2 2 4 4 5 1 7 5 3 5 11 7 4 2 1 2 2 1 2 2 1 2 1 1 3 2 4 4 2 8 13 17 4
 10 10 9 9 8 7 2 8 5 2 5 7 8 4 4 3 3 2 1 8 7 7 5 4 2 1 1 1 1 1 1 9 5 6 8 9 15 1 3 22
```

C95 아침마다 공원 한바퀴를 돌아요

난이도 ★★★☆☆

40×40

Row clues (top to bottom):
- 2 1 8 1 2
- 2 2 10 2 1 2
- 2 1 1 6 3 1 2 2
- 2 2 2 6 2 2 4
- 2 2 1 5 2 2 1 1 3
- 3 4 1 2 2 1 2 1 2 3
- 2 4 2 2 1 2 2 2 1 2
- 2 3 1 2 2 1 1 3 3
- 6 2 2 2 2 3 3
- 5 1 1 3 1 6
- 4 3 5 3 3 4
- 3 2 3 2 2 2 5 4
- 11 4 16
- 2 1 1 3
- 2 4 1 2 3 3
- 2 1 1 2 2 2 2 3
- 2 2 4 2 1 1 3
- 2 1 1 1 5 2 8
- 2 1 1 1 1 1 2 1
- 7 5 1 2 8
- 2 1 2 1 2 7
- 3 1 1 1 5 8
- 4 1 2 11 1
- 1 2 3 11 9
- 12 2
- 13 11
- 13 2
- 6 7 12
- 5 6 12
- 5 3 1 2 2
- 5 1 1 2 2
- 13 6 15
- 2 1 1 1 1 2 2
- 3 2 1 2 2
- 1 1 3 1 1 2
- 1 5 1 3
- 1 2 3 2
- 1 2 1 3
- 9 10 4
- 40

C96 리듬 체조 종류 중 하나에요

난이도 ★★★☆☆

40×40

세로 힌트 (열)

				2	1	1	2																								1	2						
				2	2	2	4	8	6	6																				2	2							
			4	2	3	3	2	2	2	6																			1	3	1						
		4	3	2	3	2	2	2	3	3	5				3		3								7	7	6	3	1	3	1						
	4	2	2	2	2	3	2	2	2	2	6				2	3	2	5	8																		
	9	4	3	6	3	2	2	2	2	3	2	3																									
5	8	4	12	5	2	2	2	2	2	2	2	5	6	6	15	10	3	3	1	1	2	7	8	3	9	8	7	7	8	8	8	8	2	1			
5	2	5	3	4	3	3	3	3	3	3	3	5	3	6	3	4	5	7	1	15	16	17	22	20	21	9	6	7	6	4	4	3	1	9	2	3	
4	14	2	3	2	2	2	2	2	2	2	2	2	3	2	2	3	3	9	16	1	2	3	3	2	2	24	4	13	3	8	9	9	10	11	13	23	23

가로 힌트 (행)

- 4
- 4 2 1
- 2 2 2 2
- 1 1 4 1 2
- 3 1 8 2 2
- 4 3 9 3 1
- 2 6 10 6
- 2 7 2 4 5
- 2 7 1 3 5
- 2 7 2 1 3 4
- 2 9 1 1 1 5
- 3 7 1 5
- 2 7 8
- 2 6 6 8
- 3 9 7 6
- 9 2 4 5
- 5 3 2 6
- 3 4 3 6 10
- 3 7 11 10
- 10 11 10
- 7 11 10
- 3 5 10 10
- 13 9 10
- 6 3 9 9
- 4 2 10 7
- 6 4 12 3
- 14 17 2
- 3 8 17 3
- 2 18 3
- 2 6 19 4
- 2 10 17 5
- 3 3 3 15 7
- 4 2 6 3 8
- 6 4 2 2 1 8
- 15 2 2 1 8
- 3 9 1 2 1 8
- 2 5 2 1 2 8
- 4 3 1 2 1 9
- 14 2 2 1 9
- 10 1 3 1 9

후~ 불어 동그란 방울을 만들어요

난이도 ★★★★☆

40×40

Row clues (left side):

				6	3	24
			3	2	5	21
2	2	2	2	2	2	15
			1	7	3	9
			1	6	1	4
		1	6	1	4	8
		10	2	2		14
		8	2	3		16
		6	6	4		13
			6	3		13
			4	4		13
				3		11
		4	4	2		8
2	2	2	5	4		8
2	5	2	1	2		8
1	6	1	1	5	4	2	5
1	6	2	2	3	2	1	1	4
8	3	1	3	2	1		4
		6	5	4	2		6
		4	3	2		8
		4	3	4		8
		5	3	1	2		9
			7	3		10
	2	2	2	4		12
	4	7	1	8		9
	2	3	1	2	7		9
	1	8	1	7	2		4
1	1	1	1	1	3	2	2	3
2	2	5	2	1	3	3		3
	4	2	1	2	6		3
			1	3	2		3
		5	8	3	6		3
2	2	12	2	2		3
		2	15	10		3
	1	6	11	5	2		2
	1	6	11	8	1		2
	1	7	11	4		6
	3	4	11	8		5
2	3	8	2	4		4
	5	6	1	8		4

C98 TV와 연결해 게임을 해요

난이도 ★★★★☆

40×40

Column	Clues (top to bottom)
1	15 23
2	14 2 3 9
3	13 4 1 2 8
4	13 4 2 3 8
5	12 1 1 23
6	3 4 1 4 2 4 8
7	2 5 3 4 2 2 4 7
8	8 8 1 5 7
9	4 2 2 7 8 6
10	4 2 1 1 3 2 1 2 4 6
11	3 6 1 2 3 4 6
12	4 3 1 2 2 2 5
13	3 2 1 1 3 2 2 5
14	4 1 2 1 3 3 5
15	6 1 1 2 1 3 4 4
16	5 3 3 1 2 1 1 2 4
17	7 2 1 4 1 2 1 1 4
18	1 4 1 2 3 1 2 2 3
19	3 1 3 3 5 4 1 3
20	5 1 5 1 2 2 3 2 3 2
21	5 2 3 5 1 1 2 2
22	6 1 3 3 3 1 2
23	6 1 3 1 3 2 4 1 2
24	1 3 6 2 6 4 1 2 1
25	1 11 2 1 1 5 1 2 1
26	5 4 3 7 2 2 1
27	4 2 2 2 5 1 1 3 1
28	3 2 4 5 3 1 5
29	4 2 2 3 1 5
30	5 2 3 1 2 5
31	5 2 1 2 2 1 3
32	6 2 1 6 2 2
33	7 1 2 1 1 2 2
34	7 1 2 2 3 2 1
35	6 5 3 3 13
36	1 7 1 2 5
37	2 8 2 2 1
38	4 8 3 2 1
39	5 6 7 2 2
40	6 3 10 11

Row	Clues (left to right)
1	7 8 8 6 5
2	17 6 10 4
3	6 10 6 11 3
4	5 4 1 5 4 3 8 3
5	5 2 4 4 3 8 2
6	5 2 1 1 1 2 2 2 6 1
7	5 2 2 1 5 1 1 1 7
8	5 2 2 2 5 2 1 1 5
9	6 2 2 3 2 3 6
10	7 5 2 4 2 2 4
11	7 1 2 3 6 2 5
12	7 6 1 10 1 3
13	4 2 1 2 3 3 2 1
14	2 4 1 1 1 1 2 2 2 2
15	1 2 2 1 3 1 2 3 2
16	14 1 1 1 2
17	3 4 2 2 2 1 1 2
18	1 4 4 2 1 2 1 1 2
19	2 7 1 8 2 2 2
20	5 3 6 2 3 3 3
21	2 2 5 1 9 4 1 1
22	1 1 3 2 4 2 3 2 2 1
23	1 3 2 2 8 1 2 1
24	1 2 2 7 1 3 1 3 2
25	1 1 1 2 8 6 2
26	1 4 1 2 1 8 5
27	1 7 4 2 2 2
28	1 8 2 4 2 2
29	1 9 2 2 8
30	1 1 6 5 1 7 2
31	1 1 4 1 3 2 2 1 1
32	2 1 1 4 5 1 1
33	6 2 5 2 4 1
34	8 3 4 5 1 1
35	11 3 2 1 1
36	14 2 3 1 1
37	17 8 1 1
38	19 5 1 1
39	23 1 1
40	27 1 1

40×40

45×45

C101 거대한 범죄 조직 중 하나예요

45×45

행 힌트 (세로 기준, 왼쪽)

- 7 13 2 1 1
- 11 2 5 3 1 2 1
- 1 2 6 4 2 2 2
- 11 1 5 1 1 2
- 1 4 3 1 6 1 1 1
- 2 2 1 6 1 1 2
- 2 2 6 6 3 2
- 10 17 5 3 2
- 10 4 20 2 1
- 1 4 3 5 14 3 2 1
- 2 2 7 7 1 1 1
- 2 2 11 2 1 1
- 10 14 3 2 2
- 1 2 1 18 2 2
- 8 2 1 3 11 2 2
- 4 2 1 2 3 5 4
- 1 3 2 1 1 5 4
- 4 1 3 1 2 4 3
- 4 1 1 4 2 7 2
- 1 1 1 2 1 3 5 4
- 1 1 1 2 2 3 1 6 1 2 1
- 3 1 2 2 2 1 1 9 6
- 1 1 4 2 2 13
- 1 2 2 2 4 8
- 3 1 1 2 2 5 4 1 4
- 4 1 2 2 3 11 1
- 1 1 1 4 1 2 8 2 2
- 1 5 1 1 10 2 3
- 6 2 2 7 2 4
- 2 1 2 2 2 2 3
- 3 2 3 4 3 1 3
- 3 1 4 6 2 3 2
- 1 2 1 5 8 4 3 3
- 1 1 1 7 1 4 17
- 2 2 6 6 2 5 8 1
- 2 1 3 5 3 4 6 2
- 2 1 2 3 4 5 5 2
- 3 2 1 4 6 3 6 2
- 3 2 2 5 6 3 6 1
- 6 3 11 2 3 2 1
- 7 4 3 7 2 3 2 1
- 7 5 3 5 2 2 3 1
- 1 5 5 2 4 2 2 3 1
- 2 4 6 2 3 2 2 3 1
- 3 10 2 2 2 2 3 1

45×45

45×45

Row clues (top to bottom):

- 6 9
- 4 2 2 11
- 6 1 2 3 3
- 6 1 2 2 3 2
- 4 2 6 4 1
- 6 3 2 1 5
- 1 2 1 1 1 4 1
- 5 5 2 1 1 1 1 2
- 5 1 2 6 1 1 1
- 3 4 3 4 1 6
- 8 2 1 1 1 1 1 1
- 3 3 2 1 1 1 1 1 1
- 10 2 7 1 1 1
- 2 2 1 2 5 1 5
- 2 7 2 1 1 1 4 1 1
- 2 7 1 1 1 1 3 1 1 1
- 2 2 1 2 6 2 3 1 1
- 2 8 1 1 1 1 7 5
- 2 2 6 2 1 1 2 2 1 1 1
- 4 2 1 1 2 1 1 7 1 1 1
- 3 3 2 4 8 6 2 1 1 1
- 2 1 5 5 2 1 7 2 5
- 1 1 4 1 1 2 1 1 2 2 1 1 1
- 3 4 5 7 2 2 1 1 1
- 3 5 4 1 1 1 2 2 5
- 5 5 1 1 2 2 2 2 2 1 1 1
- 5 5 4 7 2 4 3
- 3 4 7 1 2 1 17
- 2 2 2 2 3 14 2 2
- 1 1 1 1 1 2 1 3 2 3 1 2 2 2
- 1 1 1 1 1 1 1 1 3 4 7
- 19 11 5
- 1 2 2 9 5
- 1 4 2 3 4
- 1 2 2 3 2 6
- 1 3 5 2 7
- 1 1 1 2 2 5 2 5 3
- 1 1 2 1 2 1 1 1 7 4
- 3 10 2 1 1 1 1 1 1 1 1
- 3 2 2 2 2 7 1 1 1 1 1 1
- 1 2 2 1 1 7 4
- 18 1 3 6 3
- 2 3 2 3 7 4 2 7 4
- 1 2 1 2 2 1 3 11 1 1 1 1 1 1
- 20 3 3 3 3 3

C104 무거운 짐을 나를 수 있어요

45×45

Row clues (left):

- 14
- 4 2
- 1 1
- 22
- 6 8 2
- 8 2 3 2
- 4 2 1 2 2
- 4 2 3 2 3
- 4 3 11 2
- 4 2 1 2 1 4 2
- 3 2 2 1 5 2
- 2 3 6 3
- 3 14 2
- 2 2 4 2
- 2 9 3 2
- 2 1 5 1 2 2
- 2 4 4 2 2
- 12 3 3 2
- 4 11 2
- 2 9
- 1 3 2
- 4 7 2 4 1
- 1 7 2 2 7
- 16 1 3 3
- 3 3 1 2 2
- 7 9 7 2 4
- 3 1 1 1 3 3 2 5
- 2 4 7 2 6 3 2
- 1 5 1 1 2 3 5 2 1
- 2 5 6 1 6 3 2 1
- 1 6 1 1 2 8 2 2 1
- 20 8 5 2 1
- 1 22 2 4 2 1
- 10 4 3 2 5 3 2
- 3 4 8 4 4 5
- 1 4 5 1 4 5 4
- 1 7 2 3 2 1 5 1
- 10 9 2 1 6 2
- 3 15 4 1 4 9
- 2 3 3 1 3 4 2 5
- 1 6 4 8 2 2
- 4 9 5 1 2
- 3 7 2 3 2
- 3 6 11
- 8 9

C105 무언가를 쟁취하기 위해 싸워요

난이도 ★★★☆☆

45×45

Column	Clues
1	25 5 2
2	2 1 4 8 3
3	1 2 2 13 3
4	2 1 3 3 15
5	1 10 15
6	1 8 2 14
7	10 2 4 10
8	10 2 2 1 7 1 1 1 1
9	15 4 4 5 1 1 1 1
10	14 6 2 3 2 1 1 1
11	8 2 2 2 1 2 1 3
12	8 1 2 2 2 1 1 2
13	8 3 1 2 5 3
14	7 3 2 1 2 4 2
15	7 2 1 2 2 6
16	5 1 4 2 2 3 4
17	5 1 4 4 1 3 2
18	4 1 2 2 1 1 4
19	4 1 1 2 1 4 2 2
20	3 1 1 1 4 4 2 2 3
21	4 1 1 4 3 3 4 2 6
22	3 1 4 2 3 11
23	4 1 4 4 16
24	7 2 3 3 13
25	6 7 3 9
26	7 1 3 5
27	10 3 6
28	6 10 3 6
29	2 2 6 1 3 7
30	9 1 2 6 2 5
31	6 2 8 1 2
32	5 1 3 7 1 1
33	2 1 6 7 2 12
34	1 2 4 2 7 1 12
35	4 1 1 4 1 7 1
36	2 2 1 5 7 1
37	1 3 1 2 3 7 1
38	11 2 2 2 9 2
39	14 1 1 7 2
40	2 2 1 2 1 2 1 7 2
41	1 4 3 2 2 1 7 3
42	6 4 3 2 6 3
43	2 1 1 3 2 2 6 3
44	2 8 3 2 4
45	11 8 4

Row	Clues
1	2 10 4
2	4 16 7
3	1 22 3 6
4	1 13 5 3 2 8
5	1 11 3 10 4
6	1 10 3 2 4 2 1
7	1 21 2 1 6 2
8	3 8 3 3 4 8
9	1 9 1 1 1 2 2 2 2
10	1 6 1 1 4 3 3
11	1 7 11 1 1 4 2 2 2
12	1 15 5 1 2 8
13	1 3 3 2 2 3 1 2 2 8
14	1 1 2 1 2 3 1 2 1 1 4
15	1 1 2 1 1 2 2
16	1 2 1 2 1 2 3 2 1
17	1 3 1 8 2 2
18	1 2 3 5 2 10 1
19	1 1 3 6 1 8 3
20	4 3 2 2 2 9 2 2
21	3 5 4 2 9 3 1
22	2 2 1 3 3 12 2
23	2 1 2 3 2 2 2 4 1
24	1 4 6 1 2 4 1 1
25	1 3 1 2 7 5 1
26	4 2 3 1 2 1
27	6 2 1 1 2 2 1
28	7 2 3 1 1 1
29	7 2 4 2 2
30	8 3 2 2 1 2
31	8 4 1 2 2
32	8 4 1 1 5
33	8 6 2 2 4
34	9 2 2 2 1 11
35	8 2 4 3 11
36	11 3 1 11
37	5 2 4 1 11
38	4 2 2 4 1 11
39	2 7 4 2 11
40	2 2 5 3 2 6
41	1 8 9 2
42	2 1 2 9 2 2
43	1 6 2 10 2 5
44	2 2 4 10 2 8
45	1 4 4 10 13

45×45

Row clues (top to bottom):

- 5 6 6
- 4 8 5
- 3 8 4 4
- 2 3 5 6 5 3
- 1 3 3 10 7 2
- 2 1 1 2 6 7 1
- 2 2 1 2 6 4 3 4
- 3 2 3 4 6 5
- 4 4 2 2 13
- 10 2 2 9
- 4 5 1 6 1 4
- 3 2 4 1 6 1 1 1
- 5 5 1 5 1 4 4
- 7 7 1 4 1 2 1 3
- 2 10 2 1 5 1 1 1 1 1
- 9 4 1 7 1 2 2 1
- 6 13 12 7 1
- 1 8 1 1 9 1 7 1
- 3 1 1 19 8 1
- 2 1 1 1 10 1 8 1
- 1 10 2 1 1 1 1 2 3 1 1
- 2 1 6 2 6 1 6 3 2 1
- 2 2 1 1 1 1 1 1 11
- 2 1 2 1 1 1 1 2 11
- 1 2 3 1 1 1 1 11
- 1 1 2 1 1 1 1 12
- 3 1 1 2 1 3 7 1
- 2 4 7 1 1 1 1
- 3 2 3 2 2 7 1 1 1
- 18 2 3 1 1 1 1
- 2 2 6 1 1 1 1 1
- 1 1 6 1 2 1 1 1
- 3 1 7 1 4 5
- 2 1 1 5 1 4 5
- 2 1 2 1 4 4 4
- 2 2 1 1 4 4
- 1 2 4 6 4
- 1 5 6 5
- 7 11
- 6 2 3 1
- 4
- 4
- 5
- 4
- 4

C107 광대가 줄 위를 아슬아슬 걸어요

난이도 ★★★☆☆

45×45

13 2 2 1 3 7 1
13 2 2 1 2 2 5 1
8 2 2 1 2 1 4 2 3
5 1 1 3 2 1 3 3 1 1
4 2 1 4 2 13 1
3 1 1 1 2 2 3 1 1 1 2
5 2 1 2 1 3 3 6 1 1
1 2 1 1 1 5 3 4 7 3
1 6 1 2 2 2 2 1 4 2 1 1
4 8 1 2 2 1 6 1 1 1
1 11 1 2 4 7 1 1
1 4 2 2 2 3 2 3 1
10 4 2 2 3 2 2 1 1
1 3 3 1 2 6 1 2 2
1 4 1 2 1 2 2 6 3
5 7 1 4 1 3 3
2 3 1 2 3 2 2 1 1
2 5 2 1 1 1 5 3
3 2 2 2 1 2 1 1 3
6 2 1 8 5 1 1
4 2 1 5 1 10 4 1 1
2 5 1 8 2 3 1 1
2 7 12 1 3
1 3 14 2 6 1
1 3 1 11 3 2 1 3
2 3 2 1 7 5 1 2
3 3 1 1 5 2 2 1 1
4 3 1 1 6 1 1 3 1
2 3 1 10 2 1 2 2 1
1 2 5 8 4 3 3
1 5 2 4 6 1 1
2 5 2 4 1 1 1
4 3 2 1 2 3 3 1
3 1 2 1 2 1 1 1 1 2
2 2 1 2 3 1 1 1 1 2
2 2 2 1 1 2 2 6
3 2 2 2 2 1 2 1 4 4
6 2 6 2 1 2 1 4 5
5 3 2 1 3 3 3 10
6 3 1 1 4 8 5
8 3 1 2 4 9 5
7 4 4 2 2 17
7 4 1 2 12 5
13 2 2 10 5
12 1 2 15

45
7 1 1 8 4 14
7 1 1 1 3 2 2 9
5 1 2 1 1 2 1 1 8
4 2 1 1 2 2 8
3 2 1 1 1 3 5 2 6
5 1 3 1 2 9 1 5
3 3 10 12 1 2
2 8 4 4 3 2
3 6 1 3 2 8 4
11 1 4 2 16
2 4 3 2 3 11
3 7 1 2 2 1 6
5 2 4 3 2 2
2 2 2 9 4
4 2 2 3 3 3 1
2 2 1 3 3 4 3 1
1 7 3 4 3 5 1 2
2 2 3 8 2 4
1 4 1 9 1
2 11 2 2
5 13 3 3
11 16 3
13 7 2 5
8 5 3 9
4 1 2 7
2 2 1 2
4 1 2 5 1
1 1 1 5 2 1 2
6 2 3 4 2 3
8 3 5 1 1 3 5
3 2 3 3 1 4 7
6 4 3 2 1 8
5 6 4 3 6 7
1 12 6 1 1 6
2 1 2 2 4 4 2 2 8
2 2 2 3 5 2 1 2 11
1 3 3 3 6 5 10
15 1 1 2 9
2 1 1 1 1 9 1 1 1
2 1 13 1 1 1 8
2 10 1 1 1 21
5 1 1 11 10
1 10 1 12
6 2 1 13

45×45

Row clues (left):
- 17
- 1 5 4 3
- 3 2 2 6
- 11 9
- 2 3 3 3 4
- 3 3 1 1 2 4 2
- 1 4 13
- 7 4 4 6 14
- 3 1 3 1 2 2 2 9 5 1
- 1 1 1 1 1 3 1 1 2 4 2 4
- 1 1 1 1 1 1 1 2 4 4 3 1 5
- 1 1 1 1 1 3 3 8 1 2 2
- 1 5 3 2 3 2 1 4
- 1 1 1 3 5 5 2 5
- 2 3 2 16 1 2
- 1 4 1 4 7 1 5
- 1 1 1 2 7 5
- 1 1 4 2 2 6
- 1 5 2 1 1 5 2
- 3 3 1 1 2 9
- 3 1 1 4 2 10
- 3 1 1 9 1 4 6
- 3 2 2 3 1 7 4
- 3 1 1 2 15 1
- 5 2 1 1 2 7 9
- 7 3 1 1 2 9 4
- 2 10 1 2 3 3 6 1
- 5 7 2 2 4 1 1 1
- 1 5 1 3 1 3 6 2
- 5 3 2 2 3 8 1
- 4 5 1 1 6 5 3
- 3 7 1 3 8 1 1
- 2 8 2 4 2 4 1 1
- 2 5 1 2 9 6
- 7 3 3 4 1 2
- 2 3 2 1 4 1 4 2 3
- 1 2 1 1 9 3 2 4
- 1 1 2 2 9 3 3 2 2
- 2 2 8 4 4 2 3
- 2 3 17 3 1 3 4
- 3 1 3 9 7 2 2
- 3 1 7 8 2 2
- 5 1 13 5 2
- 2 3 1 1 2 8 1 2
- 2 3 3 16 1 1 2

D109 인도의 고전 무용이에요

난이도 ★★★½☆

40×50

Column clues (top to bottom)

Column	Clues
1	6 1 6 17
2	2 4 1 14 9
3	1 3 1 24
4	1 4 4 19
5	2 1 3 19 3
6	1 1 2 3 7 3 9
7	1 3 2 4 19
8	1 1 4 6 16
9	4 2 3 9 12 2
10	1 4 2 12 6 4
11	1 4 17 6
12	3 2 3 23 4
13	1 4 2 2 16 3 3
14	1 1 4 3 15 2 3
15	2 4 5 12 1 2
16	3 2 1 2 11 1 2
17	2 1 5 4 7 3 6
18	2 2 4 2 1 5 2 2 1 3
19	2 3 1 4 2 1 3 3 2 2 2
20	3 2 2 3 1 2 1 5 3 2 2 1
21	1 1 1 7 2 1 1 1 7 1 1 2 1 3
22	1 7 3 2 2 1 3 6 3 2 5
23	4 3 1 2 3 3 1 3 2 2 2
24	2 3 1 2 4 7 2 1 3
25	1 3 2 4 1 3 4 1
26	5 2 3 2 1 2 2
27	11 3 3 7
28	1 3 5 3 3
29	9 4 8 3
30	4 1 4 4 8
31	5 2 2 1 5 2 11
32	3 2 2 2 1 6 3 11
33	13 9 2 10
34	4 1 4 1 1 4 5
35	7 9 1 2 1 4 9
36	6 1 1 1 2 2 5 1 9
37	7 1 1 6 3 2 1 1 8
38	4 2 1 1 7 4 3 1 9
39	4 2 1 1 7 5 3 2 2 6
40	2 2 1 1 7 2 3 6 10

Row clues (left to right)

Row	Clues
1	5 1
2	3 2 1
3	7 3
4	2 2 4
5	1 4 3
6	2 2 1 4
7	7 1 2 3
8	5 1 4 3
9	4 1 2 6 1 7
10	2 2 1 4 2 1 10
11	1 1 6 2 2 6
12	1 2 2 2 9 2 8
13	1 6 2 5 3 4
14	1 2 1 2 4 2 2 5 6
15	2 2 1 1 3 2 1 1 1 1
16	1 1 2 5 1 1 3 1 3
17	1 1 1 1 1 4 3 1 3 1 4
18	2 3 2 1 1 1 2 4 1 1 1 4
19	1 2 1 3 1 1 1 3 1 4
20	4 2 3 2 1 1 3 1 4
21	1 2 2 2 4 2 1 1 1 4
22	4 1 1 2 2 15
23	2 3 1 5 2
24	1 9 6
25	2 9 3
26	12 2 3
27	4 17 7 6
28	5 11 1 2 8 5
29	5 11 3 8 3
30	6 10 4 8 3
31	3 2 10 4 4 2 2
32	7 10 5 2 2 1
33	7 7 1 3 4 4 2
34	8 6 1 2 1 2 1 5
35	9 5 2 2 1 3 1 1 2
36	9 4 1 2 3 2 1 1
37	5 3 4 7 5 2 1
38	10 2 2 1 1 2 6 1 1
39	10 2 1 3 1 2 3 2
40	10 1 2 2 1 2 5
41	1 3 4 1 7 1 4 1
42	10 2 5 2 10
43	10 2 1 11
44	9 3 2 9 1
45	9 2 4 3 5 6
46	9 1 11 12
47	4 3 3 1 2 2 1 1 12
48	8 5 2 2 2 2 11
49	7 11 4 3 11
50	7 20 7 3

D110 독일에서 열리는 아주 유명한 맥주 축제예요

난이도 ★★★☆☆ (3.5)

40×50

열	힌트
1	3 2 3 18
2	6 2 2 1 6 1 2 2
3	7 3 3 1 1 5 2 1 2
4	4 2 2 3 1 5 1 1 1
5	15 2 1 2 1 1 1 1 1
6	5 1 5 1 1 1 2 1 8
7	7 3 2 1 1 1 2 1 8
8	20 1 1 2 14
9	6 1 10 1 1 3 2 1 1 2
10	1 6 6 2 1 1 1 4 2 2 1
11	8 2 1 1 1 2 1 1 1
12	1 6 3 2 2 2 1 1 1
13	24 8 1 1 1
14	1 3 1 4 8 1 1 1
15	7 4 2 1 2 2 2 2 9
16	1 16 1 1 1 2 1 8
17	1 5 1 7 1 1 1 14
18	2 1 4 7 1 2 1 2 2 1 3
19	3 9 3 3 4 1 1 1 1 2
20	2 2 8 1 3 1 1 1 1 1 2
21	1 3 4 1 3 4 1 1 1 1 1 2
22	4 2 1 3 7 4 2 1 1 1 2
23	3 1 1 3 2 1 3 6 1 1 2
24	3 2 1 3 1 1 3 1 3 2 2 3
25	3 1 3 5 1 18
26	2 2 1 1 8 5
27	2 2 1 1 2 1 1 2 5 5
28	2 2 1 3 1 2 2 5 5
29	2 1 3 1 4 4 5 5
30	3 1 2 2 5 5
31	1 2 2 2 14 4
32	2 3 9 4 8 4
33	1 3 2 3 3 6 4
34	2 1 2 2 3 1 1 1 2
35	1 2 4 5 1 1
36	2 2 3 1 1 2
37	3 3 3 1 1 4
38	3 10 3 1 3 2
39	2 2 5 3 5 8 2
40	3 2 4 7 10

행	힌트
1	7 3 3 10 3 2
2	9 3 3 11 5
3	11 3 7 3 2 1
4	12 3 2 2 2
5	3 11 5 3 2 2
6	5 11 2 3 2 3 1
7	6 10 2 2 3
8	1 6 5 1 3 4
9	1 1 5 4 2 3
10	1 1 1 8 6 3
11	1 1 1 1 2 3 3
12	1 1 1 1 5 4 2 1 1
13	6 1 1 2 3 2 1 1 1 1
14	8 1 1 1 2 2 1 1 1
15	1 6 1 6 1 2 2
16	1 1 3 1 7 2 3 1
17	1 1 3 1 5 2 5 2 2
18	2 4 1 4 1 3 2 1
19	1 4 1 5 2 3 1
20	3 2 1 4 4 3 3 1
21	7 1 8 4 4 1
22	3 3 3 5 2 1 1
23	2 4 3 1 1 3 2
24	1 3 1 2 2 6
25	20 3 2 7
26	1 3 2 3 2
27	8 2 2 1 2 2
28	5 11 1 2 1
29	4 3 2 2 2 1
30	5 3 6 2 1
31	4 10 2 3 1
32	9 11 3 1
33	2 2 2 9 1
34	1 5 15 1
35	1 10 3 2 1
36	3 3 3 2 3 2
37	1 6 2 16
38	1 1 17 1
39	2 3 3 15
40	8 6 1 10 1
41	1 3 9 8 1
42	1 5 3 1 1
43	1 3 8 1 2
44	1 3 3 1 1
45	2 3 3 1 2
46	2 3 3 6 2
47	6 3 13
48	1 4 10 2
49	2 2 17 2
50	7 17 1

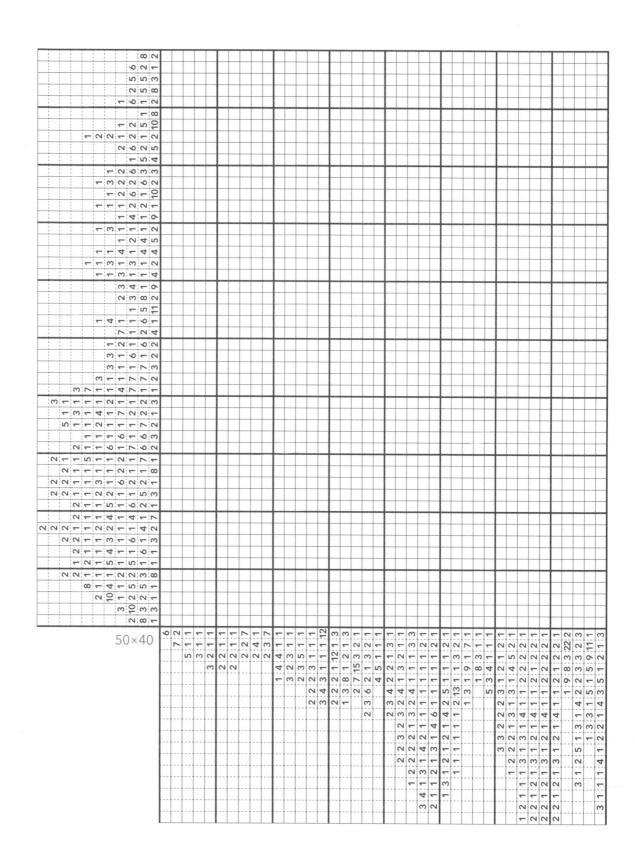

50×40

한국 건물의 아름다움을 볼 수 있어요

50×40

D113 캐나다 최고 인기 스포츠예요

50×40

D114 영화의 본고장이라고 할 수 있죠

난이도 ★★★★★

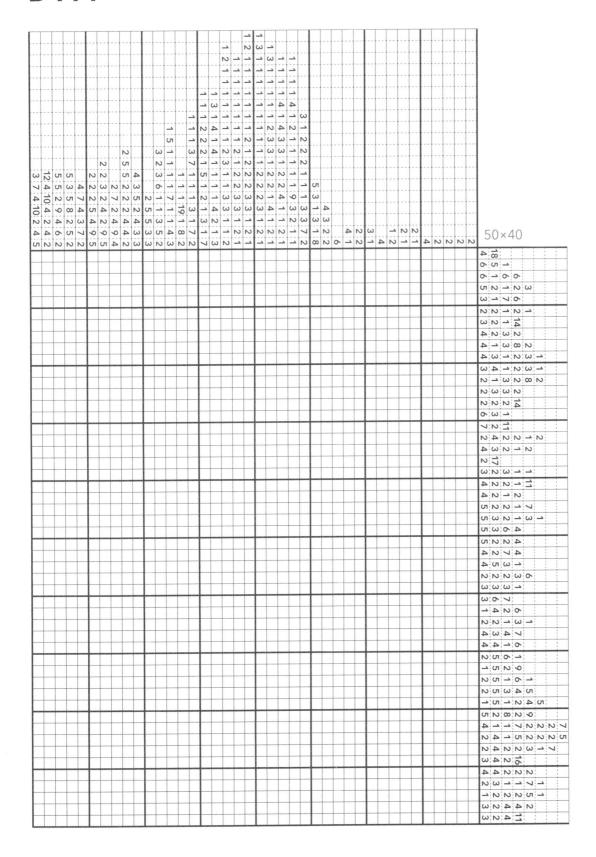

50×40

108

D115 영국의 유명한 문화 중 하나예요

난이도 ★★★★☆

50×50

세로 열 힌트 (위에서 아래로)

열	힌트
1	4 4 3 6
2	8 2 5 3 2 3
3	2 7 2 5 3 5 1 2
4	1 2 1 4 5 3 2 5 2 3
5	2 7 1 3 4 5 1 4 2
6	3 3 1 5 5 4 3 2 2
7	2 6 4 5 4 4 2 2
8	2 3 2 2 5 3 5 1 1
9	2 6 2 2 5 4 5 3 1
10	5 4 4 5 7 2 1
11	1 5 6 1 5 1 1 1
12	4 3 2 7 1 5 1 1 1
13	2 7 3 8 1 5 1 1 1
14	2 1 3 13 1 5 1 1 1
15	1 1 2 9 1 5 1 1 1
16	4 1 2 6 1 5 1 1 1
17	1 2 1 3 6 1 4 1 1 1
18	4 1 1 2 6 2 3 1 1 1
19	1 1 1 2 6 1 1 4 1
20	2 2 2 3 6 1 2 4 1
21	2 5 2 1 2 5 2 1 4 1
22	6 3 3 2 5 3 4 2
23	2 4 6 5 1 7 2
24	2 2 2 13 1 2 2
25	1 4 2 6 3 2 2 3
26	8 4 5 4 2 5
27	1 2 2 5 5 4 4 3
28	3 2 5 5 2 3 2 2
29	4 2 5 3 2 4 2 1
30	2 3 2 4 3 9 2 1
31	2 1 1 2 2 4 12
32	2 4 2 1 3 10
33	5 2 2 3 3 3 3
34	3 2 4 1 2 4 3
35	3 2 5 1 3 3
36	1 2 2 5 1 3 3
37	7 5 2 2 2
38	1 3 4 2 3 3
39	2 2 2 2 3 3
40	7 1 2 3 3
41	4 3 3 3 3
42	7 3 4 3 3
43	8 5 5 1 3
44	4 2 7 7 2 4
45	3 3 13 3 5
46	3 14 2 7 6
47	4 13 2 6 6
48	4 6 8 2 3 8
49	12 8 2 2 6
50	9 8 7 4

가로 행 힌트 (왼쪽에서 오른쪽으로)

행	힌트
1	3 3 3
2	7 3 3 5
3	2 1 3 2 3 2 4 5
4	2 1 2 3 2 3 8 3
5	3 2 3 1 3 5 6 2 4
6	13 4 3 1 2 3 1 8
7	10 11 3 2 2 1 9
8	2 1 1 1 1 2 3 2 5 4
9	2 1 1 1 1 3 3 2 5 3
10	2 1 3 5 2 1 11 6 2
11	6 11 3 8 5 2
12	6 2 4 2 2
13	4 3 6 2 2
14	2 3 3 3 2 3
15	8 2 2 3 3
16	2 4 2 1 1 6 2
17	1 2 1 2 1 5 4
18	1 1 1 2 2 2 4 3
19	2 2 1 1 2 2 7 2 3
20	3 4 1 1 7 7 2
21	8 2 1 7 5 2
22	8 3 1 5 3 6
23	8 4 2 3 1 6
24	6 6 2 1 7
25	11 8
26	11 9
27	14 10
28	24 18
29	27 3 14
30	10 15 4 2
31	3 12 9 1
32	2 10 9 4
33	2 9 5 2 5 6
34	1 3 4 2 2 1 2 2
35	2 11 2 1 2 2 2 1
36	16 3 2 1 1 4 1
37	2 13 3 1 3 1 1 4 1
38	1 14 5 5 4 1
39	2 8 5 5 2 1
40	1 3 6 2 2
41	2 1 6 1 2
42	5 11 1
43	2 2 4 3 3 3
44	1 3 6 2 3 5
45	1 17 2 4 6
46	1 2 3 2 8 7
47	2 9 2 3 17
48	4 4 1 15
49	6 10 9
50	23

50×50

Row clues (left to right):
- 7 6 6 2 3 8
- 23 2 3 3 2 2
- 2 16 9 3 2 2
- 6 5 8 6 3 2 2 1
- 3 2 7 6 4 6 11
- 3 5 3 5 3 2 3 2 1 1
- 7 3 5 3 2 2 2 1 1
- 5 7 3 2 7 2 2 1 1
- 2 3 6 10 10 1 2 1 1
- 10 3 3 7 4 4 1 1
- 8 1 2 4 3 1 2 5
- 5 6 2 2 5 2 5
- 9 2 3 1 2 2 3 2 1
- 7 1 6 1 2 6
- 8 1 6 4 1 11
- 9 3 2 1 2 4
- 10 1 3 2 3 4
- 6 4 3 2 7 3
- 5 2 2 1 8 5 3
- 5 1 3 1 7 4
- 6 1 1 1 3 1 5 2
- 1 2 1 1 1 4 4 1 5
- 2 2 2 3 4 1 1 8
- 3 2 1 1 1 1 1 8
- 2 6 8 1 1 8
- 6 4 3 2 1 2 3 1 5
- 3 4 1 2 4 1 2
- 2 2 7 2 2 2
- 1 1 1 9 2 1 3
- 1 1 1 1 13 1 11
- 2 1 1 3 16 14
- 3 1 1 10 25
- 14 2 10 9 5
- 6 1 1 7 3
- 4 1 1 7 10
- 2 6 1 6 4 3
- 4 5 4 3 9 2
- 5 5 2 4 2 15 2
- 5 4 1 1 18 1
- 6 6 2 1 1 4 4 1
- 2 6 5 3 3 7 2 2
- 2 3 2 7 3 3
- 2 2 3 7 4 1
- 3 1 1 3 1 3 1
- 7 2 7 1 1 9 1 1 2
- 4 1 14 1 1 1 1 1 1 3 2
- 21 1 1 1 1 1 1 2 2
- 6 16 1 1 1 1 1 2 4
- 5 13 1 1 1 1 2 6
- 2 27

D117 브라질 춤의 장르에요

난이도 ★★★★☆

50×60

열	힌트
1	3 5 4 6 5
2	5 1 5 5 7
3	5 2 2 3 4 7
4	3 3 1 3 2 4 7
5	11 3 1 1 1 6 6
6	8 4 2 1 3 5 5
7	6 3 3 1 4 5 4
8	2 4 3 3 3 4 6
9	5 6 7 6 1 5 7
10	5 10 7 4 2 4 3 6
11	1 1 6 6 3 6 1 7 1
12	1 2 1 5 6 3 4 2 6 2
13	2 1 2 5 10 3 7 4 4
14	2 1 2 12 12 5 2 4 5
15	2 1 1 8 5 9 2 3 5
16	3 1 1 7 4 6 2 4 6
17	3 1 2 7 1 4 2 5 6
18	3 2 1 8 6 1 2 2 2 3 6
19	4 1 2 12 4 2 1 3 4 1 3
20	1 3 2 2 4 4 3 7 6 2
21	1 4 2 3 11 3 1 3 1 2 5 1
22	1 5 2 6 9 2 6 2 1 6 2
23	1 8 7 1 7 2 2 6 2 4
24	2 8 2 1 2 6 1 4 2 1 2 2 2
25	1 4 10 2 1 6 4 3 2 3 1
26	2 2 2 2 3 2 2 1 2 3 1 2 1
27	3 2 1 2 3 2 5 2 1 2 1 3
28	7 2 1 1 2 1 3 7 7
29	3 9 2 1 5 3 3 7
30	2 1 4 1 2 2 5 2 4 2 2
31	2 16 1 2 2 1 2 1 2 2 1
32	1 6 4 2 7 1 2 2 3 1 3 2
33	3 2 15 7 1 6 2 5 1
34	2 2 3 4 8 2 2 1 2 1 2 4
35	1 2 4 18 10 3 3 2
36	2 4 3 9 2 4 9 2
37	1 6 2 7 3 1 8 6 3
38	2 5 2 8 4 2 5 3 2 5
39	1 6 2 9 6 3 5 7
40	1 6 1 4 5 2 3 4 7
41	5 1 2 5 3 7 3 3 2
42	3 1 2 8 16 2 4 1
43	3 1 1 9 4 7 5 2 3
44	3 1 1 8 5 8 3 3 3 3
45	2 4 6 4 3 4 4 6
46	3 3 5 4 3 3 2 3 2 4
47	2 3 6 4 3 3 3 10 2
48	2 4 6 4 3 4 3 6 1 1
49	1 5 4 3 4 4 3 3
50	4 5 2 4 4 3 3 1

행	힌트
1	6 5 4
2	7 3 2 2 3 1 4
3	11 2 2 2 2 10
4	8 1 1 1 2 8 4
5	3 5 3 4 6
6	3 4 4 1 3 5
7	2 2 3 4 1 2 11
8	9 2 3 1 2 6 2
9	3 3 5 1 1 4 7
10	3 2 10 2 4 4
11	1 1 2 2 4 1 2 2 2
12	1 1 2 2 1 2 1 1
13	1 1 2 9 2 1 1
14	1 1 2 1 1 3 7 1 1 2
15	1 1 2 1 4 8 1 2
16	1 1 2 2 2 1 1 5 2 2 1
17	2 2 2 2 2 1 1 1 3 2 2 2
18	2 2 3 2 3 1 1 1 1 1 3 3 3
19	3 2 2 2 1 1 1 1 1 1 1 3 3 3
20	2 3 2 2 1 3 6 1 2 2 3
21	2 3 3 2 3 5 2 1 3 2 3
22	1 3 4 3 2 2 2 1 1 3 3 3
23	2 3 3 2 2 5 4 1 1 2 2 4
24	2 2 3 2 4 2 2 1 4 3 3 1
25	2 3 3 3 4 1 4 3 4 1
26	2 4 3 3 4 2 1 4 3 3 2
27	3 4 2 3 4 4 1 4 2 3 2
28	4 8 3 4 2 6 3 4 3
29	5 12 4 7 2 4 3
30	17 8 12 3
31	23 11 4
32	9 6 6 1 4 1
33	2 5 3 2 2 2 6 2
34	3 2 3 2 2 3 10 2
35	1 2 8 3 2 2 2 6 3
36	1 14 2 4 2 9
37	1 16 4 1 2 4 7 1
38	1 2 3 3 1 8 1 6 2
39	1 3 1 4 4 4 4 4 3
40	2 1 1 5 6 2 6 1 6
41	3 2 7 2 1 2 3 3 8
42	4 7 6 2 2 5 7
43	2 3 4 2 1 2 2 3 2 1 2 4
44	1 3 2 1 2 2 7 5 2 1 3
45	11 3 3 1 3 1 1 3 8
46	7 1 1 2 3 1 1 2 2 1 4 7
47	11 1 22 2 2
48	5 1 2 1 3 2 2 3 1
49	3 4 1 4 1 6 4
50	2 8 7 6 5
51	1 19 8 4
52	1 6 13 3 2 2 1
53	5 7 2 2 6 2 2
54	5 6 3 3 2 4 4 1 4
55	4 5 3 9 4 4 2
56	4 4 7 3 3 3 6 1 4
57	4 4 12 2 15 1
58	3 4 7 2 3 7 5
59	2 3 7 2 4 3 5 4
60	2 3 7 9 5 4 1

50×60

55×55

D120 악기 '마라카스'를 들고 있어요

난이도 ★★★★★

55×55

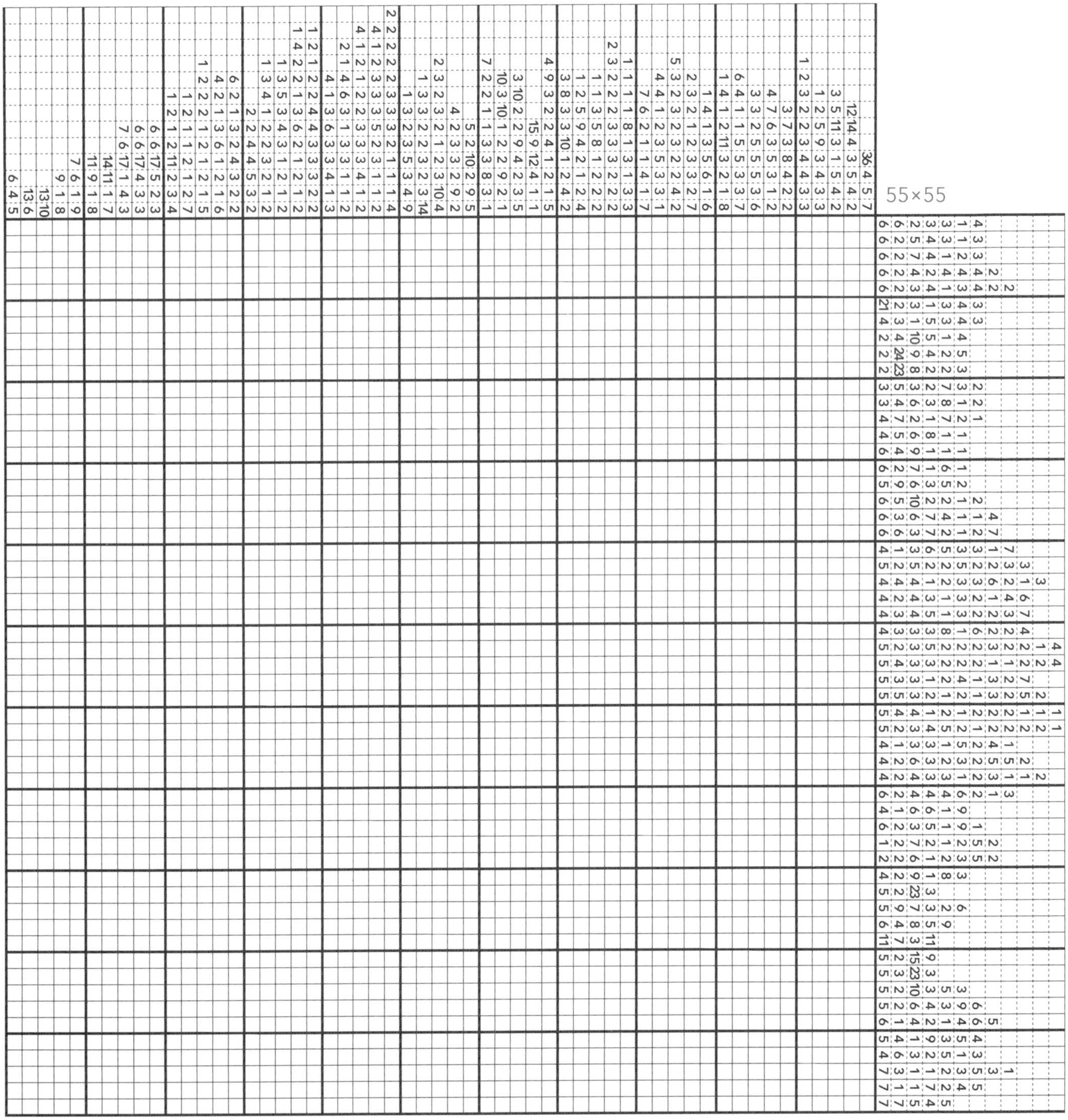

해답

A1 핸드백

A2 파르펠레

A3 + A4 아이스크림

A5 마우스

A6 농구공

➕

A7 바이러스

A8 찐빵

A9 + A10 뿌리

A11 실과 바늘

A12 말발굽

➕

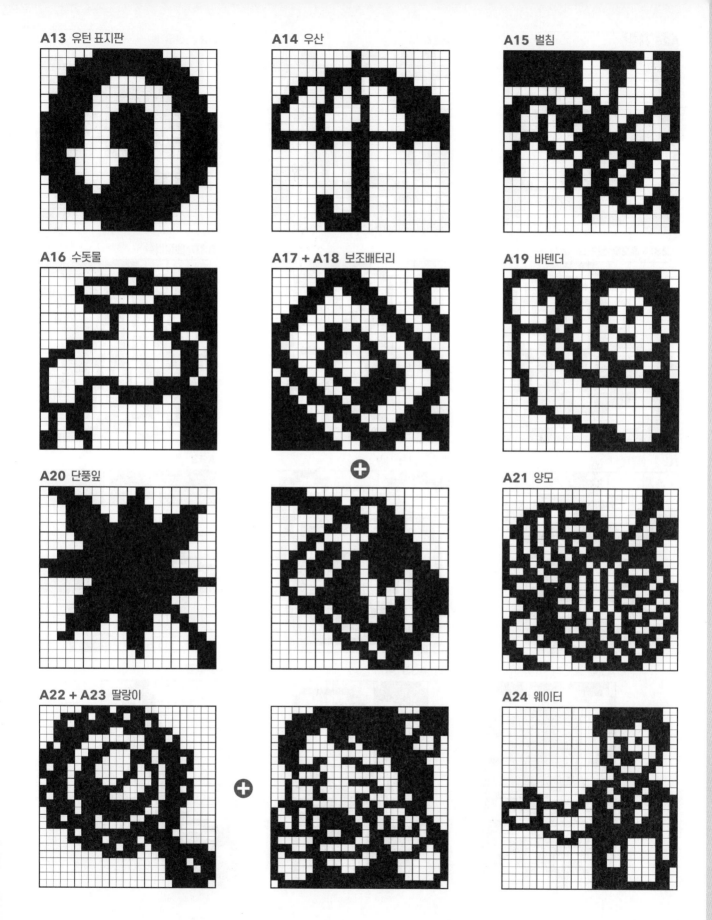

A13 유턴 표지판

A14 우산

A15 벌침

A16 수돗물

A17 + A18 보조배터리

A19 바텐더

A20 단풍잎

A21 양모

A22 + A23 딸랑이

A24 웨이터

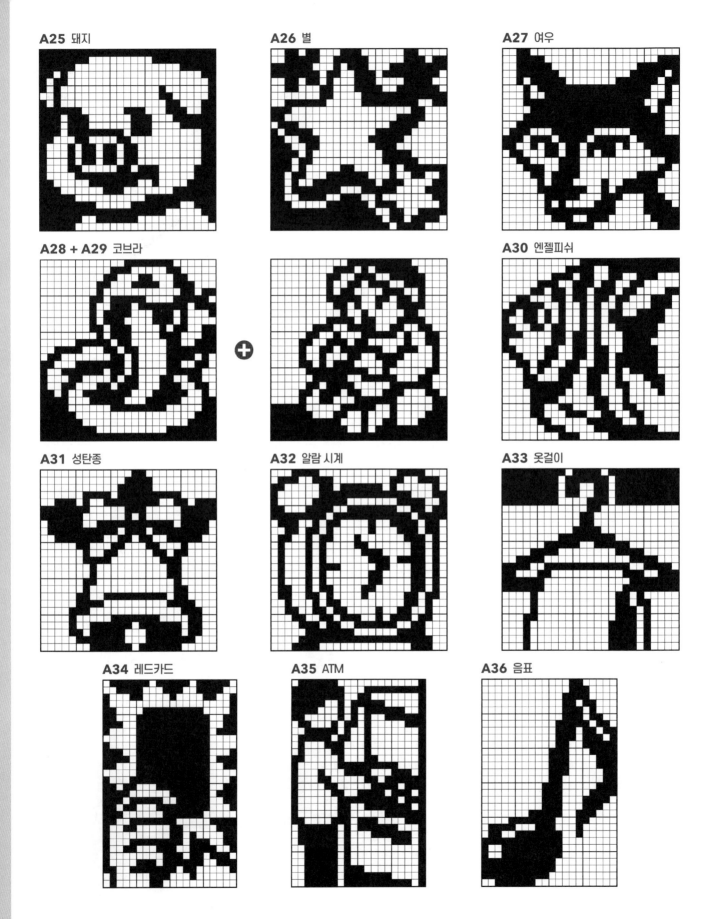

A25 돼지

A26 별

A27 여우

A28 + A29 코브라

A30 엔젤피쉬

A31 성탄종

A32 알람 시계

A33 옷걸이

A34 레드카드

A35 ATM

A36 음표

A37 필름

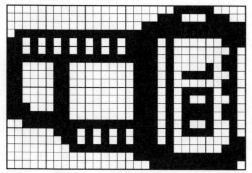

A38 뿅망치

A39 권총

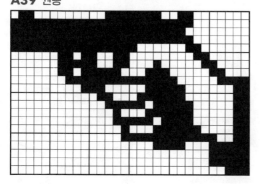

A40 구름

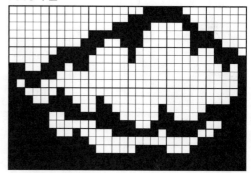

A41 작은북

A42 식빵과 잼

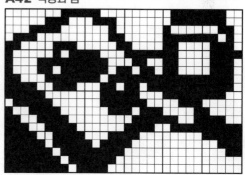

B43 손바닥으로 하늘가리기

B44 피크닉

B45 보디가드

B46 + B47 카누

B48 금붕어

B49 곡괭이

B50 첼로

B51 장화

B52 권투 클러브

B53 벌목 도끼

B54 전갈

B55 왕자

B56 + B57 후투티

B58 마늘

B59 새 모이 주기

B60 요정

B61 찰리 채플린

B62 위로

B63 미스코리아

B64 죄수

B65 체온 측정

B66 삐짐

B67 목발

B68 + B69 투우

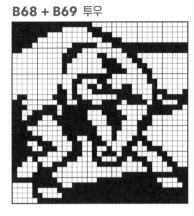 ✚

B70 우산 쓴 여자

B71 고릴라

B72 가마솥

B73 벌거숭이 임금님

B74 + B75 새 학기

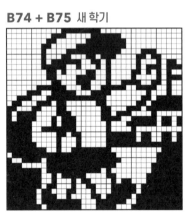 ✚

B76 모카 포트

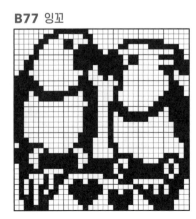

B77 잉꼬

B78 파일럿

C79 생선뼈　　**C80** 당구　　**C81** 산소마스크　　**C82** 홍학

C83 아이와 놀기　　**C84** 바닷가재　　**C85** 고해성사

C86 손바닥도 마주쳐야 소리가 난다　　**C87** 핸드크림　　**C88** 가습기

C89 모래성 게임　　**C90** 반딧불

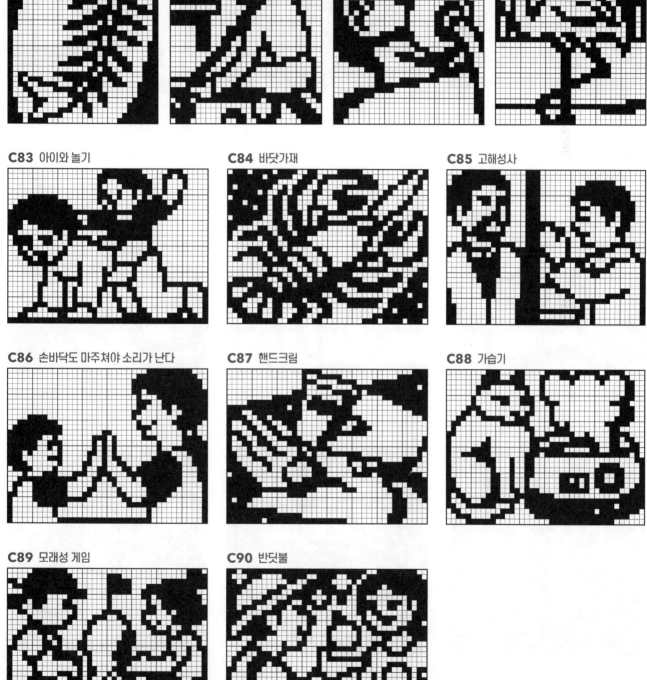

C91 계단 오르기

C92 + C93 우유 짜기

C94 별 관측

C95 조깅

C96 리본 체조

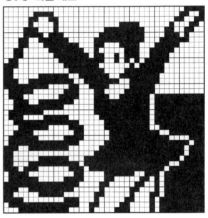

C97 비눗방울

C98 비디오게임

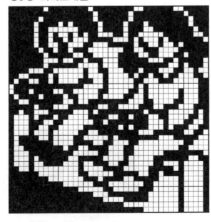

C99 면사포

C100 핸드볼

C101 마피아
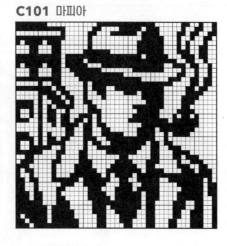

C104 트랙터

C102 + C103 놀이공원
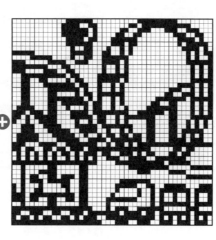

C105 투쟁

C106 패션쇼

C107 줄타기
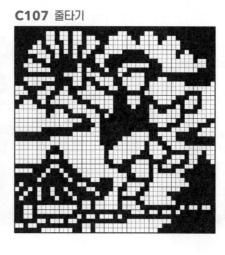

C108 아르키메데스의 원리
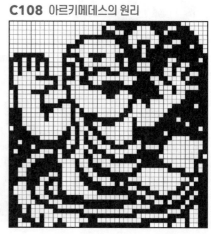

D109 인도 바라타나티얌

D110 독일 옥토버페스트

D111 로마 콜로세움

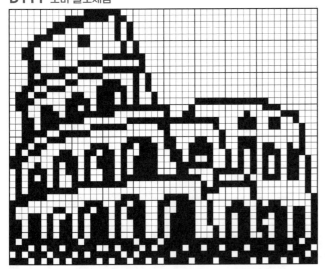

D112 한국 한옥

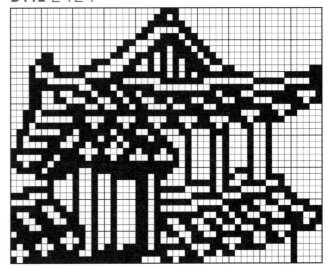

D113 캐나다 아이스하키

D114 미국 할리우드

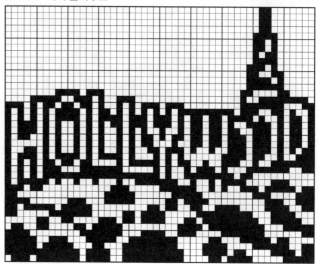

D115 영국 차

D116 일본 온천

D117 브라질 삼바

D118 프랑스 혁명기념일 불꽃축제

D119 중국 경극

D120 멕시코 판초